La Revolución de la Dialéctica

Samael Aun Weor

La Revolución de la Dialéctica

EDITORIAL

1ª. Edición: 2009.
4ª. Reimpresión: junio de 2016.

ISBN: 589-3149-66-6

Impreso en México
Printed in Mexico

PROLOGO

Nos, los Maestros de la Blanca Hermandad; Nos, los Miembros autoconscientes de la Muralla Guardiana, invitamos a todos los Hermanos del Orbe a la acción y a la meditación profunda de esta obra.

Nos, con los poderes que nos ha conferido el Padre de todas las Paternidades y la Jerarquía supraconsciente del Mundo Invisible de los Paramartha-satyas, invitamos a todos los Movimientos de Regeneración que hay en el mundo actual, en este instante, en este contexto histórico, a la reflexión serena de esta Obra y a la acción por medio de su práctica.

El Maestro de esta Obra está en proceso de autoperfección con todas las pruebas que esto implica en los Mundos Internos, frente a la Jerarquía. Esta Obra tiene como basamento a las Escuelas Antiguas de Misterios y al trabajo íntimo del Maestro por su experiencia que ha vertido en todas sus obras, principalmente: el Matrimonio Perfecto, Mensajes de Navidad, Psicología Revolucionaria, La Gran Rebelión, El Misterio del Aureo Florecer, Las Tres Montañas y esta, su Obra psicológica: La Revolución de la Dialéctica, y así como sus demás Obras, principalmente el Pistis Sophia Develado.

Reflexionad profunda y serenamente esta Obra en libertad de todo prejuicio o preconcepto. Tratad de vivirla según vuestra acción del Ser, vuestra iluminación particular, vuestra intuición íntima y según el rasgo psicológico característico particular. Observad los cambios dinámicos de vuestro propio Ser al ir desapareciendo los defectos y egos particulares por medio de la Fuerza Divina y nuestra Madre Celeste, fundamento de toda perfección.

Sin acción, sin práctica de todos estos parámetros psicológicos, de nada sirve leer este libro. Para poder saber hay primero que hacer.

Tomad vuestra espada en una mano y la balanza en la otra y equilibrad el estudio y la práctica de cada parámetro. La espada es vuestra propia médula espinal y la balanza es la energía sexual del Tercer Logos. El fiel de la balanza es la voluntad soberana que lleva a la acción.

Acción, meditación, reflexión, paciencia, prudencia, humildad y sabiduría, son las virtudes que pondremos en vuestras conciencias del Ser para que podáis llegar a la autorrealización íntima. Para bien de todas las naciones y para bien de toda la Creación, por Voluntad del Padre de toda paternidad. El Padre Eterno, el Amor Absoluto de todos los amores, El Creador, la Divina Fuente cristalina y pura de todo lo que existe y es en los mundos visibles e invisibles.

Ahora, bebed en sus aguas puras y cristalinas para que llevéis a la práctica sus preceptos y vuestro Real Ser se acerque a los Templos de Misterios del mundo invisible. Así sea.

Los Maestros del Templo de la Fraternidad Blanca.

REFLEXION

Nuestra posición es absolutamente independiente. La Revolución de la Dialéctica no tiene más armas que las Inteligencia ni más sistemas que el de la Sabiduría.

La nueva cultura será sintética y con las bases de la Revolución de la Dialéctica.

Esta obra es eminentemente práctica, esencialmente ética y profundamente dialéctica, filosófica y científica.

Si se ríen del libro, si nos critican, si nos insultan, qué importa a la ciencia y qué a nosotros. Puesto que el que ríe de lo que desconoce, está en camino de ser idiota.

Aquí va este tratado al campo de batalla como un león terrible, para desenmascarar a los traidores y desconcertar a los tiranos ante el veredicto solemne de la conciencia pública.

Samael Aun Weor

CAPITULO I

LA REVOLUCION DE LA DIALECTICA

El monoteísmo siempre conduce al antropomorfismo –idolatría-, originando, por reacción, el ateísmo materialista; por ello preferimos el politeísmo.

No nos asusta hablar sobre los principios inteligentes de los fenómenos mecánicos de la naturaleza, aunque nos califiquen de paganos.

Somos partidarios de un politeísmo moderno fundamentado en la *Psicotrónica*.

Las doctrinas monoteístas conducen, en última síntesis, a la idolatría. Es preferible hablar de los principios inteligentes que no conducen jamás al materialismo.

El abuso del politeísmo conduce a su vez, por reacción al monoteísmo.

El monoteísmo moderno surgió del abuso del politeísmo.

En la era de Acuario, en esta nueva etapa de la Revolución de la Dialéctica, el politeísmo debe ser esbozado psicológicamente en forma trascendental, y además debe ser planteado inteligentemente.

Hay que hacer un planteamiento muy sabio con un *politeísmo monista*, vital e integral. El *politeísmo monista* es la síntesis del politeísmo y del monoteísmo. La variedad es la unidad.

En la Revolución de la Dialéctica, los términos bien y mal no se emplean, como tampoco los de evolución e involución, Dios o religión.

En estos tiempos caducos y degenerados se hacen necesarias la Revolución de la Dialéctica, la Auto-dialéctica y una Nueva Educación.

En la era de la Revolución de la Dialéctica, el arte de razonar debe ser manejado directamente por el Ser, para que sea metódico y justo. Un arte de razonar objetivo dará el cambio pedagógico e integral.

Todas las acciones de nuestra vida deben ser el resultado de una ecuación y de una fórmula exacta, para que puedan surgir las posibilidades de la mente y los funcionalismo del entendimiento.

La Revolución de la Dialéctica tiene la clave precisa para crear una mente emancipada, para formar mentes libres de condicionamientos, libres del concepto de la opción, unitotales.

La Revolución de la Dialéctica no son normas dictatoriales de la mente.

La Revolución de la Dialéctica no busca atropellar la libertad intelectual.

La Revolución de la Dialéctica quiere enseñar cómo se debe pensar.

La Revolución de la Dialéctica no quiere enjaular o encarcelar el pensamiento.

La Revolución de la Dialéctica quiere la integración de todos los valores del ser humano.

LA ENSEÑANZA

Solo la vida intensamente vivida da una sabiduría perdurable; pero la mente, que es la que nos hace cometer los errores, nos impide llegar al anfiteatro de la Ciencia Cósmica.

Los errores de la mente son esos Yoes o defectos psicológicos que carga en su interior el animal intelectual falsamente llamado hombre.

Los defectos psicológicos se encuentran en los 49 niveles del subconsciente.

Los Yoes o Egos de los 49 niveles subconsciente no los podemos reconocer y encontrarlos, pues cada uno de ellos tiene partes en nuestros diferentes cuerpos. Para ello, debemos apelar a una fuerza superior a la mente para que los desintegre con su fuego serpentino, siendo ésta nuestra Divina Madre Kundalini.

Solamente la Madre Kundalini de los misterios indostanes conoce los 49 niveles del subconsciente.

Los defectos psicológicos estudiados no forman parte de nuestro Ser. Después de haber estudiado el defecto psicológico a través de la meditación, se le suplica durante la superdinámica-sexual a Ram-Io (la Madre Kundalini) para que lo desintegre con la fuerza sexual.

Por medio del intelecto y de la reflexión no podemos llegar a ver un defecto en la mente, allí quedan todos estancados, puesto que desconocemos los otros siete cuerpos de la mente en donde el ego tiene su guarida.

La mente, el intelecto, la razón, todas las formas más subjetivas con que trabaja el ser humano, jamás pueden llegar a los profundos niveles del subconsciente donde el Ego desarrolla contínuamente sus películas que adormecen nuestra conciencia. Solamente la Kundalini, con su fuego sexual, puede llegar a esos 49 niveles para desintegrar definitivamente eso que nos causa dolor, eso que nos tiene en miseria, eso que lastimosamente aman las personas, eso que la psicología materialista ha querido endiosar, eso que se llama Ego y que la Revolución de la Dialéctica quiere destruir para siempre para lograr la *Revolución de Integral.*

LA DIDACTICA DE LA DISOLUCION DEL YO

La mejor didáctica para la disolución del Yo, se halla en la vida práctica intensamente vivida.

La convivencia es un espejo maravilloso donde el Yo se puede contemplar de cuerpo entero.

En la relación con nuestros semejantes, los defectos escondidos en el fondo sub-consciente, afloran espontáneamente, saltan fuera, porque el subconsciente nos traiciona y si estamos en estado de alerta percepción, entonces, los vemos tal cual son en sí mismos.

La mejor alegría para el gnóstico es celebrar el descubrimiento de alguno de sus defectos.

Defecto descubierto, defecto muerto. Cuando descubrimos algún defecto, debemos verlo en escena como quien está viendo cine, pero sin juzgar ni condenar.

No es suficiente comprender intelectualmente el defecto descubierto, se hace necesario sumergirnos en profunda meditación interior para atrapar al defecto en los otros niveles de la mente.

La mente tiene muchos niveles y profundidades y mientras no hayamos comprendido un defecto en todos los niveles de la mente, nada habremos hecho y éste continuará existiendo como demonio tentador en el fondo de nuestro propio subconsciente.

Cuando un defecto es íntegramente comprendido en todos los niveles de la mente, entonces éste se desintegra al desintegrar y reducir a polvareda cósmica el Yo que lo caracteriza.

Así es como vamos muriendo de instante en instante.

Así es como vamos estableciendo dentro de nosotros un centro de conciencia permanente, un centro de gravedad permanente.

Dentro de todo ser humano que no se halle en último estado de degeneración, existe el Budhatta, el Principio budhístico interior, el material psíquico o materia prima para fabricar eso que se llama Alma.

El Yo pluralizado gasta torpemente dicho material psíquico en explosiones atómicas absurdas de envidias, codicia, odios, celos, fornicaciones, apegos, vanidades, etc.

Conforme el Yo pluralizado va muriendo de instante en instante, el material psíquico se va acumulando dentro de nosotros mismos convirtiéndose en un centro permanente de conciencia.

Así es como vamos individualizándonos poco a poco.

Desegoistizándonos nos individualizamos. Empero, aclaramos que la individualidad no es todo, con el acontecimiento de Belén debemos pasar a la sobre-individualidad.

El trabajo de disolución del Yo es algo muy serio. Necesitamos estudiarnos a sí mismos, profundamente, en todos los niveles de la mente. El Yo es un libro de muchos tomos.

Necesitamos estudiar nuestra dialéctica, pensamientos, emociones, acciones de instante en instante, sin justificar ni condenar. Necesitamos comprender íntegramente en todas las profundidades de la mente, todos y cada uno de nuestros defectos.

El Yo pluralizado es el subconsciente. Cuando disolvemos el Yo, el subconsciente se convierte en consciente y eso sólo es posible logrando la aniquilación del Yo.

Cuando el consciente pasa a ocupar el puesto del subconsciente, adquirimos eso que se llama conciencia contínua.

Quien goza de conciencia contínua, vive consciente en todo instante, no sólo en el mundo físico sino también en los mundos superiores.

La humanidad actual es subconsciente en un noventa y siete por ciento, y por ello, duerme profundamente no solamente en el mundo físico, sino también en los mundos suprasensibles durante el sueño del cuerpo físico y después de la muerte.

Necesitamos la muerte del Yo, necesitamos morir de instante en instante, aquí y ahora, no solamente en el mundo físico, sino también en todos los planos de la Mente cósmica.

Debemos ser despiadados para con nosotros mismos y hacerle la disección al Yo con el tremendo bisturí de la autocrítica.

LA LUCHA DE LOS OPUESTOS

Un gran Maestro decía: "Buscad la iluminación que todos lo demás se os dará por añadidura".

El peor enemigo de la iluminación es el Yo. Es necesario saber que el Yo es un nudo en el fluir de la existencia, una obstrucción fatal en el flujo de la vida libre en su movimiento.

Se le preguntó a un Maestro:

-¿Cuál es el camino?

-¡Qué magnífica montaña! -dijo refiriéndose a la montaña donde tenía su retiro.

- No os pregunto acerca de la montaña, sino acerca del camino.

- Mientras no puedas ir más allá de la montaña, no podrás encontrar el camino - replicó el Maestro.

Otro monje hizo la misma pregunta a ese mismo Maestro:

- ¡Allá está, justo delante de sus ojos. -respondió el Maestro.

- ¿Porqué no puedo verlo?

- ¡Porque tienes ideas egoístas!

-¿Podré verlos?, Señor.

- Mientras tengas una visión dualista y digas: Yo no puedo, y así por el estilo, tus ojos estarán obscurecidos por esa visión relativa.

- Cuando no hay ni yo, ni tú, ¿se le puede ver?

- Cuando no hay yo ni tú, ¿quién quiere ver?

El fundamento del Yo es el dualismo de la mente. El Yo se sostiene por el batallar de los opuestos.

Todo razonamiento se fundamenta en el batallar de los opuestos. Si decimos: Fulano de tal es alto; queremos decir que no es bajo. Si decimos: Estoy entrando; queremos decir que no estamos saliendo. Si decimos: Estoy alegre; afirmamos con ello que no estamos tristes, etc.

Los problemas de la vida no son sino formas mentales con dos polos: uno positivo y otro negativo. Los problemas se sostienen por la mente y son creados por la mente. Cuando dejamos de pensar en un problema, éste termina inevitablemente.

Alegría y tristeza, placer y dolor, bien y mal, triunfo y derrota, constituyen el batallar de los opuestos en el cual se fundamenta el Yo.

Vivimos miserablemente toda la vida de un opuesto a otro: triunfo-derrota, gusto-disgusto, placer-dolor, fracaso-éxito, esto-aquello, etc.

Necesitamos liberarnos de la tiranía de los opuestos.

Esto sólo es posible aprendiendo a vivir de instante en instante, sin abstracciones de ninguna especie, sin sueños, sin fantasías.

¿Habéis observado cómo las piedras del camino están

pálidas y puras después de un torrencial aguacero? Uno, sólo puede murmurar un ¡Oh! de admiración. Nosotros debemos comprender ese ¡Oh! de las cosas sin deformar esa exclamación divina con la batalla de los opuestos.

Joshu, preguntó al Maestro Nansen:

- ¿Qué es el tao?

- ¡La vida común! -respondió Nansen.

- ¿Cómo se hace para vivir de acuerdo a ella?

- Si tratas de vivir de acuerdo con ella, huirá de ti. No trates de cantar esta canción, deja que ella misma se cante.

- ¿Acaso el humilde hipo no viene por sí solo?

Recordad esta frase: "La Gnosis se vive en los hechos, se marchita en las abstracciones, y es difícil de hallar aún en los pensamientos más nobles."

Le preguntaron al Maestro Bokujo:

- ¿Tendremos que vestir y comer todos los días? ¿Cómo podríamos escapar de todo esto?

El Maestro respondió:

- Comemos, nos vestimos...

- No comprendo -dijo el discípulo.

- Entonces, vístete y come -dijo el Maestro.

Esta es, precisamente, la acción libre de los opuestos, ¿Comemos? ¿Nos vestimos? ¿Por qué hacer un problema de eso? ¿Por qué estar pensando en otras cosas mientras estamos comiendo o vistiéndonos?

Si estás comiendo come, y si estás vistiéndote, vístete, y si estás andando por la calle, anda, anda, anda, pero no pienses en otra cosa, haz únicamente lo que estás haciendo, no huyas de lo que estás haciendo, no huyas de los hechos, no los llenes de tantos significados, símbolos, sermones y advertencias. Vívelos sin alegorías, vívelos con mente receptiva de instante en instante.

Comprended que os estoy hablando del sendero de acción libre del batallar doloroso de los opuestos.

Acción sin distracciones, sin escapatorias, sin fantasías, sin abstracciones de ninguna especie.

Cambiad vuestro carácter, amadísimos, cambiadlo a través de la acción inteligente, libre del batallar de los opuestos.

Cuando se les cierran las puertas a las fantasías, se despierta el órgano de la intuición.

La acción, libre del batallar de los opuestos, es acción intuitiva, es acción plena. Donde hay plenitud, el Yo está ausente.

La acción intuitiva nos conduce de la mano hasta el despertar de la conciencia.

Trabajemos y descansemos felices, abandonándonos al curso de la vida. Agotemos el agua turbia y podrida del pensamiento habitual y en el vacío fluirá la Gnosis, y con ella, la alegría de vivir.

Esta acción inteligente, libre del batallar de los opuestos, nos eleva a un punto en el cual algo debe romperse. Cuando todo marcha bien, se rompe el techo rígido de pensar, y la luz y el poder del íntimo, entran a raudales en la mente que ha dejado de soñar.

Entonces, en el mundo físico y fuera de él, durante el sueño del cuerpo material, vivimos totalmente conscientes e iluminados, gozando la dicha de la vida en los mundos superiores.

Esta tensión contínua de la mente, esta disciplina, nos lleva al despertar de la conciencia. Si estamos comiendo y pensando en negocios, es claro que estamos soñando. Si estamos manejando un automóvil y estamos pensando en la novia, es lógico que no estamos despiertos, estamos soñando. Si estamos trabajando y estamos recordando al compadre o a la comadre, al amigo o al hermano, etc; es claro que estamos soñando.

La gente que vive soñando en el mundo físico, vive también soñando en los mundos internos durante aquellas horas en que el cuerpo físico está durmiendo.

Se necesita dejar de soñar en los mundos internos. Cuando dejamos de soñar en el mundo físico, despertamos aquí y ahora y ese despertar aparece en los mundos internos.

Buscad primero la iluminación que todo lo demás se os dará por añadidura.

Quien está iluminado ve el camino, quien no está iluminado no puede ver el camino y fácilmente puede extraviarse en la senda y caer en el abismo.

Son terribles el esfuerzo y la vigilancia que se necesitan

de segundo en segundo, de instante en instante, para no caer en ensoñaciones. Basta un minuto de descuido y ya la mente está soñando al acordarse de algo, al pensar en algo distinto al trabajo o al hecho que estamos viviendo en el momento.

Cuando en el mundo físico aprendemos a estar despiertos de instante en instante, en los mundos internos, durante las horas del sueño del cuerpo físico y también después de la muerte, vivimos despiertos y auto-conscientes de instante en instante.

Es doloroso saber que la conciencia de todos los seres humanos duerme y sueña profundamente, no solamente durante aquellas horas de reposo del cuerpo físico, sino también durante ese estado irónicamente llamado de vigilia.

La acción libre de dualismo mental, produce el despertar de la conciencia.

EL K-H

Tengo que declarar ante el veredicto solemne de la opinión pública que la meta fundamental de todo estudiante gnóstico es llegar a convertirse en un K-H, en un Kosmos Hombre.

Todos los seres humanos vivimos en un Kosmos. La palabra Kosmos significa orden y esto es algo que no debemos olvidar jamás.

El Kosmos Hombre es un ser que tiene un orden perfecto en sus cinco centros, en su mente y en su esencia.

Para llegar a ser Kosmos Hombre, es necesario aprender a conocer cómo se manifiestan las Tres Fuerzas primarias del Universo -positiva negativa y neutra-.

Mas en el camino que conduce al Kosmos Hombre, que es totalmente positivo, vemos que a toda fuerza positiva se le opone siempre una negativa.

A través de la auto-observación debemos percibir el mecanismo de la fuerza opositora.

Cuando nos propongamos realizar una acción especial, ya sea la aniquilación del ego, el dominio del sexo, un trabajo especial o ejecutar un programa definido, debemos observar y calcular la fuerza de la resistencia; porque por naturaleza, el mundo y su mecánica, tiende a provocar la resistencia y tal resistencia es el doble.

Cuanto más gigantesca sea la empresa, más grande será la resistencia. Si aprendemos a calcular la resistencia, también podremos desarrollar la empresa con éxito. Ahí es donde está la capacidad del genio, del iluminado.

LA RESISTENCIA

La resistencia es la fuerza opositora. La resistencia es el arma secreta del ego.

La resistencia es la fuerza psíquica del ego opuesta a la toma de conciencia de todos nuestros defectos psicológicos.

Con la resistencia, el ego tiende a salirse por la tangente y postula disculpas para callar o tapar el error.

Por la Resistencia, los sueños se tornan difíciles de interpretar y el conocimiento que se quiera tener sobre sí mismos se torna nublado.

La resistencia actúa sobre un mecanismo de defensa que trata de omitir errores psicológicos desagradables, para que no se tenga conciencia de ellos y se continúe en la esclavitud psicológica.

Pero, en realidad de verdad, tengo que decir que existen mecanismos para vencer la resistencia y éstos son:

1- Reconocerla
2- Definirla
3- Comprenderla
4- Trabajar sobre ella
5- Vencerla y desintegrarla por medio de la Super Dinámica Sexual

Mas el ego luchará durante el análisis de la resistencia para que no sean descubiertas sus falacias, que pone en peligro el dominio que él tiene sobre nuestra mente.

En el momento de la lucha del ego hay que apelar a un poder superior a la mente, el cual es el fuego de la serpiente Kundalini de los indostanes.

LA PRACTICA

Con la práctica, experimentación o vivencia de cualquiera de las obras que he entregado a la humanidad, el practicante lograría, es obvio, la emancipación psicológica.

Existen gentes que hablan maravillas sobre la reencarnación, la Atlántida, la Alquimia, el Ego, el desdoblamiento astral y ante el mundo exterior son expertos en estas materias, pero esto es solamente estar intelectualmente informado. En el fondo, estas personas no saben nada y a la hora de la muerte, estos expositores quedan nada más que con conocimientos almacenados en la memoria, que en el más allá no les sirven para nada porque siguen con la conciencia dormida.

Si uno está únicamente embotellado en teorías, si no se ha realizado nada práctico, si no se ha hecho conciencia de lo que he enseñado en los libros, si dejamos el conocimiento en la memoria, se puede decir que hemos perdido el tiempo miserablemente.

La memoria es el principio formativo del Centro Intelectual. Cuando una persona aspira a algo más, cuando alguien mira a través de las limitaciones del subconsciente y ve aquello que tiene depositado en la memoria, y analiza o medita sobre el último acontecimiento o enseñanzas de un libro esotérico, entonces esos valores pasan a la fase emocional del mismo Centro Intelectual. Cuando se quiere conocer la honda significación de dichos conocimientos, y la persona se entrega de lleno a la meditación, obviamente tales conocimientos pasan al Centro Emocional propiamente dicho y se llegan a sentir en el fondo del alma.

Cuando se han vivenciado limpiamente los conocimientos -los valores cognoscibles de la esencia-, entonces, pos último, quedan depositados en la conciencia y ya no se pierden jamás. La esencia viene a quedar enriquecida con los mismos.

Ahora comprendemos cuál es la forma de volver conscientes los conocimientos gnósticos que he entregado en los libros que he escrito anteriormente y en éste también.

La meditación resulta formidable para volvernos conscientes de los conocimientos gnósticos; mas no cometamos el error de dejar los conocimientos exclusivamente en teorías o en la memoria, porque si así procedemos jamás lograremos el dominio de la mente.

EL REQUISITO

La cruda realidad de los hechos nos viene a demostrar que son muchos los que no han comprendido la trascendencia del trabajo esotérico gnóstico, y que una gran mayoría no son buenos dueños de casa.

Cuando no se es buen dueño de casa es claro que no se está preparado para entrar en la senda del filo de la navaja. Para trabajar en la Revolución de la Dialéctica se necesita haber llegado al nivel del buen dueño de casa.

Un tipo fanático, lunático, caprichoso, etc; no puede servir para la Revolución Integral. Un sujeto que no cumple con los deberes de su hogar no puede lograr el gran cambio. Una persona que es mal padre, mala esposa o mal esposo o que abandona su hogar por tal o cual hombre o mujer, jamás podrá llegar a la transformación radical.

La piedra angular de la Psicología Revolucionaria está en el requisito de: Tener un perfecto equilibrio en el hogar; ya siendo un buen esposo, buen padre, buen hermano y buen hijo. Perfecto cumplimiento de los deberes que existen para con la humanidad doliente. Convertirse en una persona decente.

Quien no cumple con estos requisitos jamás podrá avanzar prácticamente en estos estudios revolucionarios.

EL DERROTISMO

El animal intelectual, falsamente llamado hombre, tiene la idea fija de que la aniquilación total del ego, el dominio absoluto del sexo y la autorrealización íntima del Ser, es algo fantástico e imposible; mas no se da cuenta que este modo de pensar tan subjetivo es fruto de elementos psicológicos derrotistas que manipulan la mente y el cuerpo de aquellos que no han despertado la conciencia.

La gente de esta época caduca y degenerada cargan en su interior un agregado psíquico que es un gran estorbo en el camino de la aniquilación del ego, y éste es: ¡el derrotismo!

Los pensamientos derrotistas incapacitan a las personas para elevar su vida mecanicista a estados superiores. La mayoría de las personas se consideran vencidas aún antes de iniciar la lucha o el trabajo esotérico gnóstico,

Hay que auto-observarse y auto-analizarse para descubrir dentro de sí mismos, aquí y ahora, esas facetas que constituyen eso que se llama derrotismo.

Sintetizando, diremos que existen tres comunes actitudes derrotistas:

1) Sentirse incapacitado por falta de educación intelectual. 2) No sentirse capaz para iniciar la Transformación Radical. 3) Andar con la canción psicológica: ¡Nunca tengo oportunidades para cambiar o triunfar!

PRIMERA ACTITUD

Sobre el sentirse incapacitado por una falta de educación, tenemos que recordar que todos los grandes sabios como Hermes Trismegisto, Paracelso, Platón, Sócrates, Jesús el Cristo, Homero, etc; nunca fueron a la Universidad; porque en realidad de verdad, cada persona tiene su propio Maestro, siendo éste el Ser, eso que está más allá de la mente y del falso racionalismo. *No se confunda educación con sabiduría y conocimientos.*

El conocimiento específico de los misterios de la vida del Cosmos y de la Naturaleza, es una fuerza extraordinaria que nos permite lograr la *Revolución Integral.*

SEGUNDA ACTITUD

Los robots programados por el Anticristo -ciencia materialista- se sienten en desventaja porque *no se sienten capaces*, y esto debemos analizarlo. El animal intelectual, por influencia de una falsa educación académica que adultera los valores del Ser, ha hecho que en la mente sensual existan terribles yoes que se deben eliminar: la *idea fija*: ¡Voy a perder! y la pereza para practicar las técnicas gnósticas para adquirir los conocimientos que se necesitan para emanciparnos de toda mecanicidad y salir, de una vez por todas, de la tendencia derrotista.

TERCERA ACTITUD

El pensar del hombre-máquina es: ¡Nunca se me proporcionan oportunidades...!

Las escenas de la existencia pueden ser modificadas. Uno mismo es el que se crea sus propias circunstancias. Todo es el resultado de la *Ley de acción y consecuencia* pero con la posibilidad de que una ley superior trascienda a una ley inferior.

Es urgente, es inaplazable la eliminación del Yo del derrotismo. No es la cantidad de teorías la que cuenta, es la cantidad de superesfuerzos que se hagan en el trabajo de la Revolución de la Conciencia... ¡El auténtico hombre fabrica, en el instante que quiera, los momentos propicios para su adelanto espiritual o psicológico!

LA PSICO-ASTROLOGIA

Escrito está con carbones encendidos en el libro de la Vida, que todo aquél que logre la eliminación total del ego puede llegar a cambiar de signo y de sus influencias a voluntad.

En nombre de la verdad, tengo que declarar que Ese que está dentro de mí ha cambiado de signo a voluntad. El signo de mi expersonalidad era Piscis, mas ahora soy de ¡Acuario!, un signo terriblemente revolucionario.

No podemos negar que las influencias de los signos existen y nos manejan mientras no se haya hecho una revolución psicológica dentro de sí mismos. Mas en el camino de todo estudiante que aspira a la iluminación, se debe empezar por revolucionarse contra lo que establecen los horóscopos.

Eso de que un signo no es compatible con otro signo es totalmente absurdo, porque los que son compatibles son los egos, los yoes, esos elementos indeseables que cargamos dentro,

La Astrología de estos tiempos del fin no sirve para nada porque es puro comercio. La verdadera Astrología de los sabios caldeos ya ha sido olvidada.

Las gentes-máquinas no quieren cambiar porque dicen: ¡Ese es mi signo, ésa es mi influencia zodiacal!, etc. Jamás me cansaré de enfatizar que lo importante es cambiar emocional y mentalmente.

Se necesita cambiar mentalmente para que penetren y se manifiesten en nosotros las auténticas fuerzas zodiacales que emanan del Ser, desde la Vía Láctea, las cuales nos darán un centro permanente de gravedad.

La luz no hay que buscarla en los horóscopos, la luz surge cuando hemos eliminado de sí mismos el Rasgo Psicológico Característico Particular y cuando hemos creado un odre nuevo -la mente-, para verter en él las enseñanzas de la Psico-astrología que he enseñado en mi obra Curso Zodiacal.

El Ser y la Madre Divina son los únicos que pueden emanciparnos de horóscopos de periódico y de revistillas baratas, dándonos así la educación integral.

Hay que sacudirnos el polvo de los siglos y eliminar todas nuestras rancias costumbres y creencias y salir del fanatismo astrológico. De que: ¡Es mi influencia zodiacal y qué remedio tiene!. Esta forma de pensar tan subjetiva es un sofisma de distracción del ego.

LA RETORICA DEL EGO

Analizando detenidamente el bípedo tricerebrado llamado hombre, llegamos a la conclusión lógica de que todavía no tiene un Centro Permanente de Conciencia, de gravedad.

No podemos asegurar que los bípedos humanos estén individualizados, estamos seguros que sólo están instintivizados. Es decir, que solamente son impulsados por yoes que manipulan a su antojo el Centro Instintivo.

El querido ego no tiene individualidad alguna, es una suma de factores de discordia, una suma de pequeñas catexis sueltas -energías psíquicas egoicas-.

Cada pequeño yo de los que constituyen la legión denominada Ego, tiene realmente su propio criterio personal, sus propios proyectos, sus propias ideas y su propia retórica.

La retórica del ego es el arte de hablar bien y con elegancia, de una manera tan sutil que no nos damos cuenta en qué momentos hemos ya caído en el error. La retórica del ego, es tan subliminal que por esa razón nuestra conciencia está así dormida y sin darnos cuenta.

Vemos el ego con su retórica llevando a los pueblos a una carrera armamentista: "El volumen del comercio pesado -aviones, buques de guerra y transportes blindados- entre los países tercer-mundistas se duplicó entre 1973 y 1976, en tanto que se elevaron al doble sus importaciones." Lo curioso es que en una época en la que se habla de control de armas y paz, los países en vías de un supuesto desarrollo: con la ayuda de los supuestamente industrializados, aumentan su capacidad de ¡destrucción! ¿Es esto -cabe preguntar- el camino adecuado para el desarme y la paz mundial?. Todo lo contrario, es la ¡la retórica del ego!

Mientras los bípedos humanos siguen fascinados con los inventos y con todas la aparentes maravillas del anticristo -la ciencia materialista-, en Etiopía , desde 1973 hasta la fecha, han muerto 200,000 personas de hambre. ¿Es esto civilización?. Esta es la retórica del ego....

El bípedo humano solo quiere vivir en su mundito que ya no sirve para nada. La psicología materialista, la psicología experimental, no sirve para nada. La prueba es que no ha podido solucionar los problemas mentales que afectan al pueblo de los Estados Unidos; prueba de ello es que continúan y se multiplican por las grandes ciudades de la Unión americana las famosas "pandillas". Veamos, en la ciudad de New York existen "Los Sucios", grupo cuyos miembros son de unos 30 años de edad, usan "ropas sucias" y botas de piel. Se reúnen en los techos de las casas y se enorgullecen de que se les considere buenos billaristas.

"Los ciclistas desconocidos", también más o menos de la misma edad, se visten a la usanza de los "ángeles infernales" y llevan chamarras de cuero con grandes ziperes. Sus bicicletas son viejas Schwinn que han sido adaptadas con horquillas alargadas para que asemejen motocicletas.

La violencia es una parte aceptada de su vida, en cada uno de los miles de integrantes y pandillas que existen en ese país y que lastimosamente los bípedos humanos de otros países quieren imitar. ¿Es esto liberación psicológica? ¡Falso! Esta es la retórica del ego que a todos tiene engañados. Solamente viviendo las enseñanzas que entrego en todo este auténtico Tratado de Psicología Revolucionaria llevada a la práctica, podrán los bípedos humanos liberarse de la retórica del ego.

EL CENTRO PERMANENTE DE CONCIENCIA

Los bípedos tricerebrados no tiene individualidad alguna, no tienen un Centro Permanente de Conciencia, -CPC-. Cada uno de sus pensamientos, sentimientos y acciones, dependen de la calamidad del yo que en determinado momento controle los centros capitales de la máquina humana.

Aquéllos que durante muchos años de sacrificio y dolor hemos venido luchando por el Movimiento Gnóstico, pudimos ver en la práctica cosas terribles; muchos juraron con lágrimas en los ojos trabajar por la Gnosis hasta el final de sus días. Prometieron a la Gran Causa fidelidad eterna y pronunciaron discursos tremendos. ¿Y qué? ¿En qué quedaron sus lágrimas de sangre? ¿En qué sus terribles juramentos? Todo fue inútil, sólo juró el yo pasajero de un instante, pero cuando otro yo desplazó al que juró fidelidad, el sujeto se separó de la Gnosis o traicionó a la Gran Causa o se pasó a otras escuelitas traicionando a las instituciones Gnósticas.

Realmente el ser humano no puede tener continuidad de propósitos porque no tiene el CPC, no es un individuo y tiene un yo que es una suma de muchos yoes pequeños.

Muchos son los que aguardan la Bienaventuranza Eterna con la muerte del cuerpo físico, empero la muerte del cuerpo no resuelve el problema del yo.

Después de la muerte, la catexis suelta -el ego- continúa envuelta en su cuerpo molecular. El bípedo humano termina pero continua la catexis suelta, la energía del ego en su cuerpo molecular y luego, más tarde, el ego se perpetúa en nuestros descendientes, retorna para satisfacer sus deseos y continuar las mismas tragedias.

Ha llegado la hora de comprender la necesidad de producir dentro de nosotros una Revolución Integral definitiva a fin de establecer el CPC; un Centro Permanente de Conciencia; sólo así nos individualizamos, sólo así dejamos de ser legión, sólo así nos convertimos en individuos conscientes.

El hombre actual es semejante a un barco lleno de muchos pasajeros, cada pasajero tiene sus propios planes y proyectos. El hombre actual no tiene una sola mente, tiene muchas mentes. Cada yo tiene su propia mente.

Afortunadamente, dentro del bípedo humano existe algo más, existe la Esencia. Reflexionando seriamente sobre dicho principio, podemos concluir que éste es el material psíquico más elevado con el cual podemos darle forma a nuestra Alma.

Despertando la Esencia creamos Alma. Despertar la Esencia es despertar la Conciencia,. Despertar Conciencia equivale a crear dentro de nosotros un CPC. Sólo quien despierta conciencia se convierte en individuo, empero el individuo no es el final, más tarde tenemos que llegar a la sobre-individualidad.

SOBRE INDIVIDUALIDAD

Necesitamos desegoistizarnos para individualizarnos y luego sobre-individualizarnos. Necesitamos disolver el yo para tener el CPC que estudiamos en el capítulo anterior.

El yo pluralizado gasta torpemente el material psíquico en explosiones atómicas de ira, codicia, lujuria, envidia, orgullo, pereza, gula, etc.

Muerto el yo, el material psíquico se acumula dentro de nosotros convirtiéndose en el CPC.

Hoy por hoy el ser humano, o mejor dijéramos, el bípedo que a sí mismo se autocalifica de "humano", es realmente una máquina controlada por la legión del yo.

Observemos la tragedia de los enamorados: ¡Cuántos juramentos! ¡Cuántas lágrimas! ¡Cuántas buenas intenciones! ¿Y qué?, de todo no queda sino el triste recuerdo. Se casan, pasa el tiempo, el hombre se enamora de otra mujer o la esposa se enamora de otro hombre, y el castillo de naipes se va al suelo. ¿Porqué? Porque todavía el ser humano no tiene su CPC.

El pequeño yo que hoy jura amor eterno es desplazado por otro pequeño yo que nada tiene que ver con dicho juramento. Esto es todo. Necesitamos convertirnos en individuos y esto sólo es posible creando un CPC.

Necesitamos crear un CPC y esto sólo es posible disolviendo el yo pluralizado.

Todas las íntimas contradicciones del ser humano serían suficientes para volver loco a cualquiera que pudiese verlas en el espejo; la fuente de tales contradicciones es la pluralidad del yo.

Quien quiera disolver el yo tiene que empezar por conocer sus íntimas contradicciones; desgraciadamente a la gente le encanta engañarse a sí misma para no ver sus propias contradicciones.

Quien quiera disolver el yo tiene que empezar por no ser mentiroso. Todas las personas son mentirosas consigo mismas, todo mundo se miente a sí mismo.

Si queremos conocer la pluralidad del yo y nuestras perennes contradicciones, debemos no auto-engañarnos. La gentes se auto-engaña para no ver sus contradicciones internas.

Todo aquél que descubre sus íntimas contradicciones siente vergüenza de sí mismo con justa razón, comprende que no es nadie, que es un infeliz, un miserable gusano de la tierra.

Descubrir nuestras propias contradicciones íntimas es ya un éxito porque nuestro juicio interior se libera espontáneamente permitiéndonos ver con claridad el camino de la individualidad y el de la sobre-individualidad.

EL BIENESTAR INTEGRAL

Necesitamos el Bienestar Integral. Todos sufrimos, tenemos amarguras en la vida y queremos cambiar.

En todo caso, pienso en que el Bienestar Integral es el resultado del auto-respeto. Esto parecería bastante extraño a un economista, a un teósofo, etc.

¿Qué tendría que ver el auto-respeto con la cuestión económica? ¿Con los problemas relacionados con el trabajo o con la fuerza de trabajo, con el capital, etc.?

Quiero comentar lo siguiente: El nivel del Ser atrae nuestra propia vida... vivíamos nosotros en una casa muy hermosa en la ciudad de México. Tras es casa existía un terreno amplio que estaba vacío. Un día cualquiera un grupo de "paracaidistas", como les llamamos, invadió aquel terreno. Pronto edificaron sus chozas de cartón y se establecieron allí. Incuestionablemente, se convirtieron en algo sucio dentro de aquella Colonia. No quiero subestimarlos, pero si realmente sus chozas de cartón estuvieran aseadas nada les objetaría. Desgraciadamente había entre esas gentes un desaseo espantoso.

Observé cuidadosamente desde la azotea de la casa la vida de aquellas personas: se insultaban, se herían a si mismos, no respetaban a sus semejantes; su vida, en síntesis, era horripilantes, con miserias y abominaciones.

Si antes no se veían por ahí las patrullas de la policía, después éstas andaban siempre visitando la Colonia. Si antes esa Colonia era pacífica, después se convirtió en un infierno.

Así pude evidenciar que el nivel del Ser atrae nuestra

propia vida, eso es obvio.

Supongamos que uno de esos habitantes resolviera de la noche a la mañana respetarse a sí mismo y respetar a los demás, obviamente cambiaría.

¿Qué se entiende por respetarse a sí mismo? Dejar la delincuencia, no robar, no fornicar, no adulterar, no evidenciar el bienestar del prójimo, ser humilde y sencillo, abandonar la pereza y convertirse en una persona activa, aseada, decente, etc.

Al respetarse un ciudadano a sí mismo cambia de nivel del Ser y al cambiar de nivel del Ser, incuestionablemente, atrae nuevas circunstancias pues se relaciona con gentes más decentes, con personas distintas, y probablemente, ese motivo de relaciones provoca un cambio económico y social en su existencia. Así se cumpliría esto que estoy diciendo, de que el auto-respeto integral viene a provocar el bienestar social y económico. Pero si uno no sabe respetarse a sí mismo, tampoco respetará a sus semejantes y se condenará a sí mismo a una vida infeliz y desventurada.

El principio del Bienestar Integral está en el auto-respeto.

LA AUTO-REFLEXION

No olvidemos que lo exterior es tan sólo la reflexión de lo interior, eso ya lo dijo Emmanuel Kant, el filósofo de Königsberg. Si estudiamos cuidadosamente la Crítica de la Razón Pura, descubrimos ciertamente que lo exterior es lo interior, palabras textuales de uno de los grandes pensadores de todos los tiempos.

La imagen exterior del hombre y las circunstancias que le rodean son el resultado de la auto-imagen. Todos tenemos una auto-imagen; esta palabra compuesta, "auto" e "imagen", es profundamente significativa.

Precisamente, me viene a la memoria en estos momentos la fotografía aquella de Santiago. Se le saca una fotografía a nuestro amigo Santiago y como casa curiosa, salen dos Santiagos: uno muy quieto, en posición de firmes, con el rostro hacia el frente; el otro, aparece caminando frente a él con el rostro en forma diferente, etc. ¿Cómo es posible que en una foto salgan dos Santiagos?

Yo creo que esta foto vale la pena ampliarla, porque puede servir para mostrarla a todas las personas que se interesan por estos estudios. Obviamente, pienso que el segundo Santiago sería la auto-reflexión del primer Santiago, eso es obvio; porque escrito está que la imagen exterior del hombre y las circunstancias que le rodean son el resultado de la auto-imagen.

También está escrito que lo exterior es tan sólo la reflexión de lo interior. Así es que si nosotros no nos respetamos, si la imagen interior de nosotros mismos es muy pobre, si estamos llenos de defectos psicológicos, de lacras morales, incuestionablemente surgirán eventos desagradables en el mundo exterior como dificultades económicas, sociales, etc. no olvidemos que la imagen exterior del hombre y las circunstancias que le rodean son el resultado de su auto-imagen.

Todos tenemos una auto-imagen y fuera existe la imagen física que puede ser fotografiada, pero dentro tenemos otra imagen. Para aclarar mejor, diremos que fuera tenemos la imagen física y sensible y dentro tenemos la imagen de tipo psicológico e hipersensible.

Si fuera tenemos imagen pobre y miserable y si a esta imagen le acompañan circunstancias desagradables, una situación económica difícil, problemas de toda especie, conflictos, ya sea en la casa, en el trabajo, en la calle etc; esto se debe sencillamente a que nuestra imagen psicológica es pobre, defectuosa y horripilante; y en el medio ambiente reflejamos nuestra miseria, nuestra nadidad, lo que somos.

Si queremos cambiar necesitamos un cambio total y magno. Imagen, valores e identidad, deben cambiar radicalmente.

En varias de mis obras he dicho que cada uno de nosotros es un punto matemático en el espacio y que accede a servir de vehículo a determinadas sumas de valores. Algunos sirven de vehículos a valores geniales y otros podrán servir de vehículos a valores mediocres; por eso, cada cual es cada cual.

La mayor parte de los seres humanos sirven de vehículo a los valores del ego, del yo. Estos valores pueden ser óptimos o negativos. Así que imagen, valores e identidad son un todo único.

Digo que debemos pasar por una transformación radical y afirmo en forma enfática que identidad, valores e imagen deben ser cambiados totalmente.

Necesitamos una nueva identidad, nuevos valores y nueva imagen, esto es revolución psicológica, revolución íntima. Es absurdo continuar dentro del círculo vicioso en el que actualmente nos movemos. Necesitamos cambiar integralmente.

La auto-imagen de un hombre da origen a su imagen exterior. Al decir auto-imagen, me refiero a la imagen psicológica que tenemos dentro. ¿Cuál será nuestra imagen psicológica? ¿Será la del iracundo, la del codicioso, la del lujurioso, la del envidioso, la del orgulloso, la del perezoso, la del glotón o qué?. Cualquiera que sea la imagen que de sí mismos tengamos, o mejor dijéramos, la auto-imagen, dará origen como es natural a la imagen exterior.

La imagen exterior, aunque esté muy bien vestida, podría ser pobre. ¿Es acaso bella la imagen de un orgulloso, de alguien que se ha vuelto insoportable, que no tiene un grano de humildad? ¿Es acaso agradable la imagen de un lujurioso? ¿Cómo actúa un lujurioso, como vive, qué aspecto presenta su recámara, cuál es su comportamiento en la vida íntima con el sexo opuesto, o tal vez está ya degenerado? ¿Cuál sería la imagen externa de un envidioso, de alguien que sufre por el bienestar del prójimo y que en secreto hace daño a los otros por envidia? ¿Cuál es la imagen de un perezoso que no quiere trabajar y que está sucio y abominable? ¿ Y la del glotón ...?

Así que en verdad, la imagen exterior es el resultado de la imagen interior y esto es irrefutable.

Si un hombre aprende a respetarse a sí mismo cambia su vida, no solamente dentro del terreno de la Etica o el de la Psicología, sino también dentro del terreno social, económico y hasta político. Pero hay que cambiar. Por eso insisto que identidad, valores e imagen deben ser cambiados.

La identidad, valores e imagen actuales que de sí mismos tenemos son miserables. Debido a eso la vida social está llena de conflictos y problemas económicos. Nadie es feliz por estos tiempos, nadie es dichoso. Pero, ¿se podrían cambiar la imagen, valores y la identidad que tenemos? ¿Podríamos asumir una nueva identidad, nuevos valores, nueva imagen? Afirmo claramente que sí es posible.

Incuestionablemente, necesitaríamos desintegrar el ego. Todos tenemos un yo. Cuando golpeamos en una puerta se nos pregunta ¿Quién es? Respondemos: ¡yo! Pero, ¿quién es ese yo, quien es ese mí mismo?

En realidad de verdad, el ego es una suma de valores negativos y positivos. Podríamos desintegrar el ego, acabar con esos valores positivos y negativos y entonces podríamos servir como vehículo a nuevos valores, a los valores del Ser. Pero en este caso necesitamos de una nueva didáctica si es que queremos eliminar todos los valores que tenemos actualmente, para provocar un cambio.

EL PSICOANALISIS

La didáctica que existe para conocer y eliminar los valores positivos y negativos que cargamos dentro, existe, y se llama *Psicoanálisis íntimo*.

Es necesario apelar al psicoanálisis íntimo. Cuando uno apela al psicoanálisis íntimo, para conocer los defectos de tipo psicológico, surge una gran dificultad, quiero referirme en forma enfática a la fuerza de la *contratransferencia*.

Uno puede *auto-investigarse*, uno puede introvertirse, mas cuando lo intenta surge la dificultad de la *contratransferencia*. Pero la solución está en transferir nuestra atención hacia adentro con el propósito de *auto-explorarse*, para auto-conocernos y eliminar los valores negativos que nos perjudican psicológicamente en lo social, en lo económico, en lo político y hasta en lo espiritual.

Desafortunadamente, repito, cuando uno trata de introvertirse para auto-explorarse y conocerse a sí mismo, de inmediato surge la contratransferencia. La contratransferencia es una fuerza que dificulta la *introversión*. Si no existiese la contratransferencia la introversión sería más fácil.

Necesitamos del *psicoanálisis íntimo*, necesitamos de la auto-investigación íntima para auto-conocernos realmente. *Homo Nosce Te Ipsum*. Hombre, conócete a ti mismo y conocerás el Universo y a los Dioses.

Cuando uno se conoce a sí mismo puede cambiar. Mientras uno a sí mismo no se conozca, cualquier cambio resulta subjetivo. Pero ante todo necesitamos el *auto-análisis*.

¿Cómo se vencería la fuerza de la contratransferencia que dificulta el psicoanálisis íntimo o el auto-análisis? Esto solamente sería posible mediante el *análisis transaccional* y el *análisis estructural.*

Cuando uno apela al análisis estructural conoce esas estructuras psicológicas que dificultan y hacen imposible la introspección íntima; conociendo tales estructuras las comprendemos, y comprendiéndolas podemos entonces vencer el obstáculo.

Mas necesitamos algo más, necesitamos también el análisis transaccional. Existen las transacciones bancarias, comerciales, etc., como también existen las *transacciones psicológicas.*

Los diversos elementos psíquicos que en nuestro interior cargamos están sometidos a las transacciones, a los intercambios, a las luchas, a los cambios de posición, etc. No son algo inmóvil existen siempre en estado de movimiento.

Cuando uno, mediante el análisis transaccional conoce los distintos procesos psicológicos, las diversas estructuras, entonces la dificultad para la introspección psicológica concluye. Posteriormente se realiza la auto-exploración del mi mismo con pleno éxito.

Quien logre la auto-exploración plena sobre tal o cual defecto, ya para conocer la ira, ya para conocer la codicia, la lujuria, la pereza, la gula, etc., puede realizar avances psicológicos formidables.

Para lograr la auto-exploración plena, habrá que empezar primero por *segregar el defecto* que queremos eliminar de sí mismos para que posteriormente sea disuelto.

Defecto desintegrado libera algún porcentaje de Esencia anímica. A medida que vayamos desintegrando cada uno de nuestros falsos valores, es decir, nuestros defectos, la Esencia anímica embotellada entre los mismos será liberada, y por último, la Esencia psicológica totalmente liberada nos transformará radicalmente. Será en ese preciso instante en el que los valores eternos del Ser se expresen a través de nosotros. Incuestionablemente, esto sería maravilloso no solamente para sí mismos sino para la humanidad.

Cuando se haya conseguido desintegrar o disolver completamente los valores negativos, nos respetaremos a sí mismos y a los demás, convirtiéndonos, dijéramos, en una *fuente de bondad* para todo el mundo, en una criatura perfecta, consciente y maravillosa.

Esa auto-imagen mística de un hombre despierto, originará por secuencia o corolario la imagen perfecta de un noble ciudadano. Sus circunstancias serán benéficas también en todo sentido, será un eslabón de oro en la gran cadena universal de la vida. Será un ejemplo para el mundo entero, una fuente de dicha para muchos seres, un iluminado en el sentido más trascendental de la palabra, alguien quien gozará de un éxtasis continuo y delicioso.

LA DINAMICA MENTAL

En *Dinámica Mental* necesitamos saber algo sobre el cómo y el por qué funciona la mente.

La mente, incuestionablemente, es un instrumento que nosotros debemos aprender a manejar conscientemente. Pero sería absurdo que tal instrumento fuese eficiente si antes no conocemos el cómo y el por qué de la mente.

Cuando uno conoce el cómo y el por qué de la mente, cuando uno conoce los diversos funcionamientos de la misma, puede controlarla y ésta se convierte en un instrumento útil y perfecto, en un maravilloso vehículo mediante el cual podemos nosotros laborar en beneficio de la humanidad.

Se necesita, en verdad, de un sistema realista si es que verdaderamente queremos conocer el potencia de la mente humana.

Por estos tiempos abundan muchos temas para el control de la mente. Hay quienes piensan que ciertos ejercicios artificiosos pueden ser magníficos para el control del entendimiento. Hay escuelas, existe mucha teoría sobre la mente, muchos sistemas, mas, ¿cómo sería posible hacer de la mente algo útil? Reflexionemos que si nosotros no conocemos el cómo y el por qué de la mente no podremos conseguir que ésta sea perfecta.

Necesitamos conocer los diversos funcionalismos de la mente si es que queremos que la misma sea perfecta. ¿Cómo funciona? ¿Por qué funciona? Ese cómo y por qué son definitivos.

Si, por ejemplo, lanzamos una piedra a un lago, veremos que se forman ondas, éstas son la reacción del lago, del agua, contra la piedra. Similarmente, si alguien nos dice una palabra irónica, esta palabra llega a la mente y la mente reacciona contra tal palabra; entonces vienen los conflictos.

Todo el mundo está en problemas, todo el mundo vive en conflictos. Yo he observado cuidadosamente las mesas de debate de muchas organizaciones, escuelas, etc., no se respetan los unos a los otros. ¿Por qué? Porque no se respetan a sí mismos.

Obsérvese un Senado, una Cámara de Representantes o simplemente una mesa de escuela: si alguien dice algo otro se siente aludido, se enoja y dice algo pero, riñen entre sí y terminan en un gran caos los miembros de la Mesa Directiva. Esto de que la mente de cada uno de ellos reacciona contra los impactos del mundo exterior resulta gravísimo.

Uno tiene que en verdad apelar al *psicoanálisis introspectivo* para explorar la propia mente. Se hace necesario auto-conocernos un poco más dentro de lo intelectual. Por ejemplo, ¿por qué reaccionamos ante la palabra de un semejante? En estas condiciones nosotros siempre somos víctimas... Si alguien quiere que estemos contentos, basta que nos dé unas palmaditas en el hombro y nos diga algunas palabras amables. Si alguien quiere vernos disgustados, bastaría que nos dijera algunas palabras desagradables.

Entonces, ¿dónde está nuestra verdadera libertad intelectual?¿Cuál es? Dependemos concretamente de los demás, somos esclavos, nuestros *procesos psicológicos* dependen exclusivamente de otras personas, no mandamos en nuestros procesos psicológicos y esto es terrible.

Otros son lo que mandan en nosotros y en nuestros procesos íntimos. Un amigo, de pronto viene y nos invita a una fiesta, vamos a la casa del amigo, nos brinda una copa, nos da pena aceptarla, nos la tomamos, viene otra copa y también nos la tomamos; luego otra y otra hasta que terminamos embriagados. El amigo fue dueño y señor de nuestros procesos psicológicos.

Una mente así, ¿puede acaso servir para algo? Si alguien manda en nosotros, si todo el mundo tiene derecho a mandar en nosotros, entonces, ¿dónde está nuestra libertad intelectual? ¡Cuál es?

De pronto, nos hallamos ante una persona del sexo opuesto, nos identificamos mucho con esa persona y a la larga terminamos metidos en fornicaciones o adulterios. Quiere decir que aquella persona del sexo opuesto pudo más y venció nuestro proceso psicológico, nos controló, nos sometió a su propia voluntad. ¿Esto es libertad?

El animal intelectual, falsamente llamado hombre, en realidad de verdad se ha educado para negar su auténtica identidad, valores e imagen. ¡Cuál será la auténtica identidad, valores e imagen íntima de cada uno de nosotros? ¡Será acaso el *ego* o la personalidad? ¡No! Mediante el psicoanálisis introspectivo podemos pasar más allá del *ego* y descubrir al Ser.

Incuestionablemente, el Ser en sí mismo es nuestra auténtica identidad, valores e imagen. El Ser en sí mismo es el K-H, el Kosmos Hombre o el Hombre Kosmos. Desgraciadamente, como ya lo he dicho, el animal, falsamente llamado hombre, se ha auto-educado para negar sus valores íntimos, ha caído en el materialismo de esta época degenerada, se ha entregado a todos los vicios de la tierra y marcha por el camino del error.

Aceptar la cultura negativa inspirada subjetivamente en nuestro interior, siguiendo el camino de la menor resistencia, es un absurdo. Desgraciadamente, las gentes por esta época gozan siguiendo el camino de la menor resistencia y aceptan la falsa cultura materialista de estos tiempos, la dejan o permiten que sea instalada en su psiquis y así es como llegan a la negación de los verdaderos valores del Ser.

LA ACCION LACONICA DEL SER

La *Acción Lacónica del Ser* es la manifestación concisa, la actuación breve que realiza el Real Ser de cada uno de nosotros en forma sintética, matemática y exacta como una Tabla pitagórica.

Quiero que se reflexione muy bien sobre la *Acción Lacónica del Ser.* Recuérdese que allá arriba, en el espacio infinito, en el espacio estrellado, toda acción es el resultado de una ecuación y de una fórmula exacta. Así también, por simple deducción lógica, debemos afirmar en forma enfática que nuestra verdadera imagen, el Hombre Kósmico Intimo que está más allá de los falsos valores, es perfecta.

Cada acción del Ser. Incuestionablemente, es el resultado de una ecuación y de una fórmula exacta.

Se han dado casos en los que el Ser ha logrado expresarse a través de alguien que haya conseguido un cambio de imagen, valores o identidad y entonces, ese alguien se ha convertido de hecho en algún profeta, en algún iluminado.

Pero también se han dado casos lamentables, de personas que han servido de vehículo al propio Ser y en verdad no han comprendido las intenciones de lo divinal.

Cuando alguien que sirve de vehículo al Ser no trabaja desinteresadamente a favor de la humanidad, no ha entendido qué es una ecuación y fórmula exacta de toda acción lacónica del Ser. Sólo quien *renuncia a los frutos de la acción*, quien no espera recompensa alguna, quien sólo está animado por amor a trabajar a favor de sus semejantes, ha comprendido ciertamente la *Acción Lacónica del Ser.*

Necesitamos pasar, repito, por un cambio total de sí mismos. Imagen, valores e identidad, deben cambiar. Qué bello es tener la imagen joven del hombre terrenal, pero debemos, y es mejor, tener la imagen espiritual y celestial, aquí mismo, en carne y hueso.

En vez de poseer los falsos valores del *ego*, deben estar en nuestro corazón y en nuestra mente los valores positivos del Ser. En vez de tener una identidad grosera, debemos tener la identidad puesta al servicio del Ser.

Reflexionemos en la necesidad de convertirnos en la viva expresión del Ser...

El Ser es el Ser y la razón de ser del Ser es el mismo Ser.

Distingamos claramente entre lo que es la *expresión* y lo que es la *auto-expresión*. El *ego* puede expresarse mas nunca tendrá auto-expresión. El *ego* se expresa a través de la personalidad y sus expresiones son subjetivas; dice lo que otros dijeron, narra lo que otros contaron, explica lo que otros explicaron mas no tiene auto-expresión evidente del Ser.

La auto-expresión objetiva real del Ser es lo que cuenta. Cuando el Ser se expresa a través de nosotros lo hace en forma perfecta y lacónica.

Hay que desintegrar el *ego* a base de psicoanálisis íntimo para que se exprese a través de nosotros el Verbo, la Palabra del Ser.

EL AMOR PROPIO

Mucho se habla sobre la vanidad femenina. Realmente la *vanidad* es la viva manifestación del amor propio.

La mujer ante el espejo es un narciso completo adorándose a sí misma, idolatrándose con locura. La mujer se adorna lo mejor que puede, se pinta, se encrespa el cabello con el único fin de que los demás digan ¡Eres hermosa, eres bella, eres divinal, etc.

El *yo* siempre goza cuando la gente lo admira, el *yo* se adorna para que otros le adoren. El *yo* se cree bello, puro, inefable, santo, virtuoso, etc. Nadie se cree malo, todas las gentes se auto-consideran buenas y justas.

El *amor propio* es algo terrible. Por ejemplo, los fanáticos del Materialismo no aceptan las Dimensiones Superiores del Espacio por amor propio. Se quieren mucho a sí mismos y como es natural exigen que las Dimensiones Superiores del Espacio, del Cosmos y de toda la vida ultrasensible, se les sometan a sus caprichos personales. No son capaces de ir más allá de su estrecho criterio y de sus teorías, más allá de su querido *ego* y de sus preceptos mentales.

La muerte no resuelve el problema fatal del *ego*. Sólo la muerte del yo puede resolver el problema del dolor humano, pero el yo se ama a sí mismo y no quiere morir de ninguna manera. Mientras el yo exista girará la rueda del Samsara, la rueda fatal de la tragedia humana.

Cuando realmente estamos enamorados renunciamos al yo. Es muy raro hallar en la vida a alguien verdaderamente enamorado. Todos están apasionados y eso no es amor. Las gentes se apasionan cuando se encuentran con alguien que les gusta, pero cuando descubren en la otra persona sus mismos errores, cualidades y defectos, entonces el ser amado les sirve de espejo donde puedan contemplarse totalmente. Realmente no están enamorados del ser amado, sólo están enamorados de sí mismos y gozan viéndose en el espejo que es el ser amado, ahí se encuentran y suponen entonces que están enamorados. El yo goza ante el espejo de cristal o se siente feliz mirándose a sí mismo en la persona que tiene su mismas cualidades, virtudes y defectos.

Mucho es lo que hablan los predicadores sobre la verdad, pero, ¿es acaso posible conocer la verdad cuando existe en nosotros amor propio?

Sólo acabando con el amor propio, sólo con la mente libre de supuestos, podemos experimentar, en ausencia del yo, eso que es la Verdad.

Muchos criticarán esta obra de la Revolución de la Dialéctica. Como siempre, los pseudo-sapientes se reirán de los planteamientos revolucionarios por el delito de no coincidir estas enseñanzas con los "supuestos mentales" y complicadas teorías que éstos tienen en su memoria.

Los eruditos no son capaces de escuchar con mente espontánea, libre de supuestos mentales, teorías, preconceptos, etc., la Psicología Revolucionaria. No son capaces de abrirse a lo nuevo con mente íntegra, con mente no dividida por el batallar de las antítesis.

Los eruditos sólo escuchan para comparar con sus supuestos almacenados en la memoria. Los eruditos sólo escuchan para traducir de acuerdo con su lenguaje de prejuicios y preconceptos y llegar a la conclusión de que las enseñanzas de la Revolución de la Dialéctica son fantasía. Así son siempre los eruditos, sus mentes están ya tan degeneradas que no son capaces de descubrir lo nuevo.

El yo en su soberbia quiere que todo coincida con sus teorías y supuestos mentales. El yo quiere que todos sus caprichos se cumplan y que el Cosmos en su totalidad se someta a sus experimentos de laboratorio.

El *ego* aborrece a todo aquél que le hiera el amor propio. El *ego* adora sus teorías y preconceptos.

Muchas veces aborrecemos a alguien sin motivo alguno. ¿Por qué? Sencillamente, porque ese alguien personifica algunos errores que nosotros cargamos bien escondidos y no nos puede gusta que otro los exhiba. Realmente, los errores que a otros endilgamos los llevamos nosotros muy adentro.

Nadie es perfecto en este mundo, todos nosotros estamos cortados por la misma tijera. Cada uno de nosotros es un mal caracol entre el seno de la Gran Realidad.

Quien no tiene un defecto en determinada dirección, lo tiene en otra dirección. Algunos no codician dinero pero codician fama, honores, amores, etc. Otros, no adulteran con la mujer ajena pero gozan adulterando doctrinas, mezclando credos en nombre de la Fraternidad Universal.

Algunos no celan a la mujer propia pero celan amistades, credos, sectas, cosas, etc. Así somos los seres humanos, cortaditos siempre por la misma tijera.

No hay ser humano que no se adore a sí mismo. Nosotros hemos escuchado a individuos que gozan horas y horas enteras hablando de sí mismos, de sus maravillas, de su talento, de sus virtudes, etc.

El ego se quiere tanto a sí mismo que llega a envidiar el bien ajeno. Las mujeres se engalanan con muchas cosas, en parte por vanidad y en parte por despertar la envidia de las demás mujeres. Todas envidian a todas. Todas envidian el vestido ajeno, el bonito collar, etc. Todas se adoran a sí mismas y no quieren verse por debajo de las demás, son narcisistas ciento por ciento.

Algunos pseudo-ocultistas, o hermanos de muchas sectas, se adoran tanto a sí mismos que han llegado a creerse pozos de humildad y santidad. Se sienten orgullosos de su propia humildad. Son terriblemente orgullosos.

No hay hermanita o hermanito pseudo-ocultista que en el fondo no presuma de santidad, esplendor y belleza espiritual.

Ningún hermanito o hermanita pseudo-ocultista se cree malo o perverso, todos presumen de santos y perfectos aun cuando realmente sean no sólo malos, sino además, perversos.

El querido *ego* se adora demasiado a sí mismo y presume, aun cuando no lo diga, de bueno y perfecto.

A-HIMSA, LA NO VIOLENCIA

A-Himsa es el pensamiento puro de la India, la *no violencia*. El A-Himsa está realmente inspirado por el amor universal. *Himsa* significa querer matar, querer perjudicar. *A-Himsa* es pues, el renunciamiento a toda intención de muerte o daño ocasionado por la violencia.

A-Himsa es lo contrario del egoísmo. A-Himsa es el altruismo y amor absoluto. A-Himsa es recta acción.

Mahatma Gandhi hizo del A-Himsa el báculo de su doctrina política. Gandhi definió la manifestación del A-Himsa así: "*La no violencia no consiste en renunciar a toda lucha real contra el mal. La no violencia, tal como yo la concibo, entabla una campaña más activa contra el mal que la ley del Talión, cuya naturaleza misma da por resultado el desarrollo de la perversidad. Yo levanto frente a lo inmoral una oposición mental y, por consiguiente, moral. Trato de enmohecer la espada del tirano, no cruzándola con un acero mejor afilado sino defraudando su esperanza al no ofrecer resistencia física alguna. El encontrará en mí una resistencia del alma que escapará a su asalto. Esta resistencia primeramente lo cegará y enseguida lo obligará a doblegarse. Y el hecho de doblegarse no humillará al agresor sino que lo dignificará...*" ¡No existe arma más poderosa que la mente bien encausada!

El *ego* es quien desune y establece anarquía entre la pobre humanidad doliente. El egoísmo, la traición y la falta de hermandad ha dividido a la humanidad.

El *yo* no fue creado por Dios ni por el Espíritu ni por la Materia. El *yo* fue creado por nuestra propia mente y dejará de existir cuando lo hayamos comprendido totalmente en todos los niveles de la mente. Sólo a través de la recta acción, recta meditación, recta voluntad, rectos medios de vida, recto esfuerzo y recta memoria, podemos disolver el *yo*. Es urgente comprender a fondo todo esto si realmente queremos la Revolución de la Dialéctica.

No debe confundirse la *personalidad* con el *yo*. Realmente la personalidad se forma durante los siete años de la infancia y el *yo* es el error que se perpetúa de siglo en siglo fortificándose cada vez más con la mecánica de la *recurrencia*.

La personalidad es energética, nace con los hábitos, costumbres, ideas, etc. durante la infancia y se fortifica con las experiencias de la vida. Tanto la personalidad como el *yo* deben ser desintegrados. Nosotros somos más revolucionarios en las enseñanzas psicológicas que Gurdieff y Ouspensky.

El *yo* utiliza la personalidad como instrumento de acción. El *personalismo* resulta de esa mezcla de *ego* y personalidad. El culto a la personalidad fue inventado por el *yo*. Realmente, el personalismo engendra egoísmos, odios, violencias, etc. Todo esto es rechazado por el A-Himsa.

El personalismo arruina totalmente las organizaciones esotéricas. El personalismo produce anarquía y confusión. El personalismo puede destruir totalmente cualquier organización.

En cada *reincorporación* –retorno- el *ego* fabrica una nueva personalidad. Cada persona es diferente en cada nueva reincorporación.

Es urgente saber vivir, Cuando el *yo* se disuelve adviene

a nosotros la Gran Realidad, la Felicidad verdadera, Aquello que no tiene nombre.

Distingamos entre el Ser y el *yo*. El hombre actual sólo tiene el *yo*. El hombre es un ser no logrado. Es urgente lograr el Ser, es necesario saber que el Ser es felicidad sin límites.

Resulta absurdo decir que el Ser es el "Yo superior", el "Yo divino", etc. El Ser, siendo de tipo universal y cósmico, no puede tener sabor a *ego*. No tratemos de divinizar al *yo*.

El A-Himsa es no violencia en pensamiento, palabra y obra. El A-Himsa es respeto a las ideas ajenas, respeto a todas las religiones, escuelas, sectas, organizaciones, etc.

No esperemos que el *yo* evolucione porque el *yo* no se perfecciona jamás. Necesitamos una total Revolución de la Conciencia. Este es el único tipo de revolución que nosotros aceptamos.

En la Revolución de la Dialéctica, en la Revolución de la Conciencia, se encuentra basada la doctrina del A-Himsa.

Conforme morimos de instante en instante la concordia entre los hombres se va desarrollando lentamente. Conforme morimos de instante en instante, el sentido de la cooperación va desplazando totalmente al sentido de la competencia. Conforme morimos de momento en momento, la buena voluntad va desplazando poco a poco la mala voluntad.

Los hombres de buena voluntad aceptan el A-Himsa. Resulta imposible iniciar un nuevo orden de nuestra psiquis excluyendo a la doctrina de la no violencia.

El A-Himsa debe cultivarse en los hogares siguiendo la senda del *Matrimonio Perfecto*. Sólo con la no violencia en pensamiento, en palabra y en obra, puede reinar la felicidad en los hogares.

El A-Himsa debe ser el fundamento del diario vivir, en la oficina, en el taller, en el campo, en el hogar, en la calle, etc. *Debemos vivir la doctrina de la no violencia*.

CONDUCTA GREGARIA

Conducta gregaria es la tendencia que tiene la máquina humana a estar mezclada con otros, sin distinción y sin control de ninguna especie.

Veamos lo que uno hace estando en grupos o multitudes. Estoy seguro que muy pocas personas se atreverán a salir a la calle a lanzar piedras contra alguien. Sin embargo, en grupo, sí. Alguien puede filtrarse en una manifestación pública y al estar enardecido por el entusiasmo, resulta junto con las multitudes lanzando piedras, aunque después se pregunte a sí mismo ¿Por qué lo hice?

En grupo, el ser humano se comporta muy distinto. Hace cosas que nunca haría solo. ¿A qué se debe esto? Se debe a impresiones negativas a las que él abre las puertas y resulta haciendo cosas que jamás haría solo.

Cuando uno abre las puertas a impresiones negativas, no sólo altera el orden del centro emocional que está en el corazón sino que lo torna negativo. Abre uno sus puertas, por ejemplo, a la emoción negativa de una persona que viene llena de ira porque alguien le ocasionó un daño. Entonces, termina uno aliándose a esa persona, contra aquélla que ocasionó el daño y lleno de ira sin tener parte en el asunto.

Supongamos que uno abre las puertas a las impresiones negativas de un borracho, termina aceptándole una copa, luego dos, tres, diez. En conclusión, uno borracho también.

Su pongamos que uno abre las puertas a las impresiones negativas de una persona del sexo opuesto, termina muy probablemente fornicando y cometiendo toda clase de delitos.

Si abrimos las puertas a las impresiones negativas de un drogadicto, resultaremos quizás fumando marihuana o consumiendo cualquier clase de enervantes. Como conclusión, vendrá el fracaso.

Así es como los seres humanos se contagian unos a otros dentro de ambientes negativos. Los ladrones vuelven ladrones a otras personas. Los homicidas contagian a alguien más. Los drogadictos contagian a otras gentes, y se multiplican los drogadictos, los ladrones, los usureros, los homicidas, etc. ¿Por qué? Porque cometemos el error de abrirles siempre las puertas a las emociones negativas, y eso nunca está correcto. Seleccionemos las emociones.

Si alguien nos trae emociones positivas de luz, de belleza, de armonía, de alegría, de amor, de perfección, abrámosle las puertas de nuestro corazón. Pero si alguien nos trae emociones negativas de odio, de violencia, de celos, de droga, de alcohol, de fornicación y de adulterio, ¿por qué hemos de abrirle las puertas de nuestro corazón? ¡Cerrémoslas! Cerremos las puertas a las emociones negativas.

Cuando uno reflexiona sobre la conducta gregaria, puede perfectamente modificarla y hacer de la vida algo mejor.

LA DEFORMACION DE LA PALABRA

El sonido del cañón, su estampido, destruye los vidrios de una ventana. Por otra parte, una palabra suave apacigua la ira o coraje; pero una palabra grosera, inarmónica, produce enojo o melancolía, tristeza, odio, etc.

Se dice que el silencio es oro pero es mejor decir: ¡Es tan incorrecto hablar cuando se debe callar como callar cuando se debe hablar!

Hay silencios delictuosos, hay palabras infames. Se debe calcular con nobleza el resultado de las palabras habladas, pues muchas veces se hiere a otros con las palabras, en forma inconsciente.

Las palabras llenas de mal intencionado sentido producen fornicaciones en el mundo de la mente. Y las palabras arrítmicas engendran violencia en el mundo de la mente cósmica.

Nunca se debe condenar a nadie con la palabra porque jamás se debe juzgar a nadie. La maledicencia, el chisme y la calumnia, han llenado el mundo de dolor y amargura.

Si trabajamos con la *Superdinámica Sexual*, hay que comprender que las energías creadoras están expuestas a toda clase de modificaciones. Estas energías de la *líbido* pueden ser modificadas en poderes de luz o de tinieblas. Todo depende de la calidad de las palabras.

El hombre perfecto habla palabras de perfección. El estudiante gnóstico que desee seguir por el camino de la Revolución de la Dialéctica debe habituarse a controlar el lenguaje. Debe aprender a manejar la palabra.

¡No es lo que entra por la boca lo que hace daño al hombre sino lo que sale! La boca surte la injuria, la intriga, la difamación, la calumnia, el debate; todo esto es lo que perjudica al hombre.

Evítese toda clase de fanatismo porque con ello causamos gran daño al hombre, al prójimo. No solamente se hiere a los demás con palabras groseras o con finas y artísticas ironías, sino también con el tono de la voz, con el acento inarmónico y arrítmico.

EL SABER ESCUCHAR

Hay que aprender a escuchar. Para aprender a escuchar hay que despertar conciencia.

Para saber escuchar hay que saber estar presente. El que escucha, siempre se escapa por el país y la ciudad psicológicos.

La personalidad humana no sabe escuchar, como tampoco el cuerpo físico porque es su vehículo.

La gente está llena de sí misma, de sus orgullos, de sus facultades, de sus teorías.

No hay un rinconcito o lugar vacío para el conocimiento, para la palabra. Nosotros debemos tener la escudilla hacia arriba, como el Buddha, para recibir la palabra crística.

Escuchar psicológicamente es muy difícil. Hay que aprender a estar atento para saber escuchar. Hay que volverse más receptivo para la palabra.

La gente no recuerda sus existencias anteriores porque no está en su casa psicológica, porque está fuera de ella.

Hay que recordarse a sí mismo. Hay que relajar el cuerpo cuantas veces podamos durante el día.

Por olvido del Ser, la gente comete muchos errores. Grandes cosas le suceden a uno, cuando nos recordamos a nosotros mismos.

Consultar es necesario, pero lo importante es saber escuchar. Para saber escuchar hay que tener los centros emocional, motor e intelectual en suprema atención.

La falsa educación le impide a uno escuchar. La falsa educación daña los cinco centros de la máquina humana – intelectual, motor, emocional, instintivo y sexual.

Hay que escuchar con la mente espontánea, libre de supuestos mentales, teorías y preconceptos. Hay que abrirse a lo nuevo con la mente integral, con la mente no dividida por el batallar de las antítesis.

LA EXACTITUD DEL TERMINO

Sócrates exigía como base de su Dialéctica la precisión del término. En nuestra Revolución de la Dialéctica exigimos como base la precisión del verbo.

La palabra, distintivo humano, es el instrumento de la expresión individual y de la comunicación entre los hombres. Es el vehículo del lenguaje exterior y la descarga o exteriorización del complicado lenguaje interior, que tanto puede ser utilizado por el Ser o por el *ego*.

Platón, en el diálogo "Fedón", expresaba a uno de sus discípulos un concepto famoso por su profundidad y delicadeza moral, como principio humano de la propiedad idiomática. Dice así: "*Ten por sabido, mi querido Critón, que el hablar de una manera impropia es no sólo cometer una falta en lo que se dice sino una especie de daño que se causa a las almas*".

Si queremos resolver los problemas, debemos abstenernos de opinar. Toda opinión puede ser discutida. Debemos resolver un problema meditando en él. Es necesario resolverlo con la mente y el corazón. Debemos aprender a pensar por nosotros mismos. Es absurdo repetir como loros las opiniones ajenas.

Cuando el *ego* se aniquila, desaparecen los *procesos opcionales* de la mente. Opinión, es la emisión de un concepto por temor de que el otro sea el verdadero, y esto indica ignorancia.

Es urgente aprender a no identificarnos con los problemas. Es necesario auto-explorarnos sinceramente y luego guardar silencio mental y verbal.

EL ROBOT PSICOLOGICO

El animal intelectual es semejante a un robot programado por ruedas mecánicas, y es también similar a un reloj porque vive repitiendo los mismos movimientos de las pasadas existencias.

El ser humano, falsamente llamado hombre, es un robot psicológico que no hace, todo le sucede. El Ser e el único que hace. El Ser hace surgir lo que quiere porque no es un ente mecánico.

Hay que dejar de ser un robot intelectual, porque el robot siempre repite lo mismo, no tiene independencia.

El robot psicológico está influenciado por las leyes de la Luna: Recurrencia, concepción, muerte, odio, egoísmo, violencia, engreimiento, soberbia, auto-importancia, codicia desmesurada, etc.

Hay que trabajar con la super-dinámica sexual para crear un centro de gravedad permanente e independizarse de la Luna.

Para dejar de ser un robot psicológico se hace necesario dominarse a sí mismo. Fausto lo logró, mas no Cornelio Agrippa porque se puso a teorizar.

La gente se interesa por explotar al mundo pero es más importante explotarse a sí mismo, porque el que se explota a sí mismo domina el mundo.

El robot psicológico que quiera convertirse en hombre, y luego en superhombre, deberá desarrollar la capacidad de sostener las notas.

Cuando alguien en verdad quiere dejar de ser máquina, tiene que pasar por la primera crisis: Mi-Fa, y luego por la segunda crisis: La-Si.

La clave de los triunfadores para pasar las crisis y dejar de ser un robot psicológico es: *elección, cambio* y *decisión*. En siete escalas se hace toda la Obra y se adquiere el sonido nirionissiano del Universo.

LA COLERA

La cólera aniquila la capacidad para pensar y resolver los problemas que la originan. Obviamente, la cólera es una emoción negativa.

Dos emociones negativas de cólera enfrentadas no logran la paz ni la comprensión creadora.

Incuestionablemente, siempre que proyectamos la cólera a otro ser humano, se produce un derrumbamiento de nuestra propia imagen y esto nunca es conveniente en el mundo de las interrelaciones.

Los diversos procesos de la cólera conducen al ser humano hacia horribles fracasos sociales, económicos y psicológicos. Es claro que también la salud es afectada por la cólera.

Existen ciertos necios que disfrutan con la cólera, ya que esto les da cierto aire de superioridad. En estos casos la cólera se combina con el orgullo.

También suele combinarse la cólera con el engreimiento y hasta con la auto-suficiencia. La bondad es una fuerza mucho más aplastante que la cólera.

Una discusión colérica es tan sólo una excitación carente de convicción. Al enfrentarnos a la cólera, debemos decidir, debemos resolvernos por el tipo de emoción que más nos conviene.

La bondad y la comprensión resultan mejores que la cólera. Bondad y comprensión son emociones permanentes puesto que pueden vencer a la cólera.

Quien se deja controlar por la cólera destruye su propia imagen. El hombre que tiene un completo auto-control, siempre estará en la cumbre.

La frustración, el miedo, la duda y la culpabilidad, originan los procesos de cólera. Frustración, miedo, duda y culpabilidad, causan la cólera. Quien se libere de estas cuatro emociones negativas dominará el mundo. Aceptar pasiones negativas es algo que va contra el auto-respeto.

La cólera es de locos, no sirve, nos lleva a la violencia. El fin de la violencia es llevarnos a la violencia y ésta produce más violencia.

LA PERSONALIDAD

La personalidad es múltiple y tiene muchos trasfondos. En ella queda depositado el karma de las existencias anteriores, karma en vías de cumplimiento o de cristalización del mismo.

Las impresiones no digeridas se convierten en nuevos agregados psíquicos, y lo que es más grave, en varis personalidades. La personalidad no es homogénea sino heterogénea y plural.

Uno debe seleccionar las impresiones de la misma forma en que uno escoge las cosas de la vida.

Si uno se olvida de sí mismo en un instante dado, ante un nuevo acontecer, se forman nuevos *yoes*, y si son muy fuertes, en nuevas personalidades dentro de la personalidad. Ahí está la causa de muchos traumas, complejos y conflictos psicológicos.

Una impresión no digerida que llegue a formar una personalidad dentro de la personalidad, y que no sea aceptada, se convierte en una fuente de conflictos espantosos.

No todas las personalidades que uno carga en la personalidad son aceptadas, dando origen a muchos traumas, complejos, fobias, etc.

Ante todo, es necesario comprender la multiplicidad de la personalidad, que es múltiple en sí misma.

De manera que pueda haber alguien que haya desintegrado los agregados psíquicos, pero si no desintegra la personalidad, no podrá lograr la iluminación auténtica y la dicha de vivir.

Cuando uno se conoce más y más a sí mismo, conoce cada vez más a los demás.

El individuo con *ego* no ve las cosas claramente y se equivoca. Los que tienen *ego* fallan porque les falta *juicio*, aun cuando haya una tremenda lógica en sus análisis.

Si no se digieren las impresiones se crean nuevos *yoes*. Hay que aprender a seleccionar las impresiones.

No se trata de ¡ser mejor!, lo que interesa es cambiar. *El Ser surge cuando uno ha cambiado y ha dejado de existir.*

Los elementos indeseables que en nuestro interior cargamos son los que controlan nuestras percepciones, impidiéndonos tener una percepción integral que nos traiga dicha y felicidad.

CATEXIS

La energía psíquica, *catexis*, procesándose como fuerza ejecutiva, resulta formidable.

Las reservas de inteligencia son las diversas partes del Ser y se denominan *catexis ligada* o energía psíquica en estado potencial y estático.

La *catexis ligada* nos orienta en el trabajo relacionado con la desintegración del *ego* y la liberación de la mente.

La *catexis ligada*, contenida en la mente, nos guía en el trabajo relacionado con la psicología revolucionaria y con la revolución integral.

Los valores del Ser constituyen la *catexis ligada*.

Sólo la *catexis ligada* puede liberar a la mente mediante la desintegración de los elementos psíquicos indeseables que han sido segregados mediante el análisis estructural y transaccional.

Catexis ligada es diferente a *catexis suelta*, puesto que ésta es la energía psíquica que utiliza el *ego* para dominar la mente y el cuerpo para su manifestación.

Hay que permitir que la *catexis ligada*, que es energía psíquica dinámica, sea la que dirija nuestra existencia.

Hay que trabajar psicológicamente para que la *catexis ligada* entre en actividad y domine, y gobierne a la *catexis libre*, que es la energía del cuerpo y que lastimosamente siempre ha sido dominada por la *catexis suelta* que es el *ego*.

LA MUERTE MISTICA

Mucho es lo que hemos sufrido con los miembros del Movimiento Gnóstico. Muchos han jurado fidelidad ante el Ara de los Lumisiales, muchos han prometido solemnemente trabajar en la Gran Obra hasta la Autorrealización total, son muchos los que han llorado jurando no retirarse del Movimiento Gnóstico nunca jamás, empero, y es doloroso decirlo, todo ha sido en vano. Casi todos huyeron, se tornaron enemigos blasfemando, fornicando, adulterando, y se fueron por el camino negro. Realmente, estas contradicciones terribles del ser humano se deben a que el ser humano tiene un fundamento fatal y una base trágica, dicho fundamento es la pluralidad del *yo*, la pluralidad de la *catexis suelta* que todos llevamos dentro.

Es urgente saber que el *yo* es un conjunto de energías psíquicas, *catexis sueltas*, que se reproducen en los bajos fondos animales del hombre. Cada *catexis suelta* es un pequeño *yo* que goza de cierta auto-independencia.

Estos *yoes*, estas *catexis sueltas*, luchan entre sí. Debo leer un periódico, dice el *yo* intelectual. Iré a dar un paseo en bicicleta, contradice el *yo* motríz. Tengo hambre, declara el *yo* de la digestión. Tengo frío, dice el *yo* del metabolismo. No me lo impèdirán, exclama el *yo* pasional en defensa de cualquiera de estas *catexis sueltas*.

Total, el *yo* es legión de *catexis sueltas*. Estas *catexis sueltas* ya fueron estudiadas por Franz Hartmann. Viven dentro de los bajos fondos animales del hombre; comen, duermen, se reproducen y viven a expensas de nuestros principios vitales o *catexis libre* –energía cinética, muscular y nerviosa. Cada uno de los *egos*, que en su conjunto constituyen la *catexis suelta*, el yo, se proyecta en los distintos niveles de la mente y viaja ansiando la satisfacción de sus deseos. El yo, el *ego*, la *catexis suelta*, no se puede perfeccionar jamás.

El hombre es la ciudad de las nueve puertas... Dentro de esta ciudad viven muchos ciudadanos que ni siquiera se conocen entre sí. Cada uno de estos ciudadanos, cada uno de esos pequeños *yoes* tiene sus proyectos y su propia mente; ésos son los mercaderes que Jesús tuvo que arrojar del Templo con el látigo de la voluntad. Esos mercaderes deben ser muertos.

Ahora nos explicaremos el por qué de tantas contradicciones internas en el individuo. Mientras exista la *catexis suelta* no puede haber paz. Los *yoes* son la *causa causorum* de todas las internas contradicciones. El *yo* que jura fidelidad a la Gnosis es desplazado por otro que no tiene un *centro permanente de gravedad*. ¡El hombre es un ser no logrado!

El hombre todavía no es hombre, es tan sólo un animal intelectual. Es un error muy grande llamar "alma" a la legión del *yo*. En realidad de verdad, el hombre tiene dentro de su Esencia el material psíquico, el material para el alma, pero todavía no tiene alma.

Los Evangelios dicen: ¿De qué te sirve ganar el mundo si vas a perder el alma? Jesús dijo a Nicodemo que era preciso nacer de agua y espíritu para gozar de los atributos que corresponden a un alma de verdad. Es imposible fabricar alma si no pasamos por la *Muerte Mística*.

Sólo muriendo el *yo* podemos establecer un centro permanente de conciencia dentro de nuestra propia Esencia interior. Dicho centro es eso que se llama alma. Sólo un hombre con alma puede tener verdadera continuidad de propósito. Sólo en un hombre con alma no existen las internas contradicciones y hay verdadera paz interior.

El *yo* gasta torpemente el material psíquico, *catexis*, en explosiones de ira, codicia, lujuria, envidia, orgullo, pereza, gula, etc. Es lógico que mientras el material psíquico, *catexis*, no se acumule, el alma no puede ser fabricada. Para fabricar algo se necesita la materia prima, sin la materia prima nada puede ser fabricado porque de nada, nada sale.

Cuando el *yo* comienza a morir, la materia prima comienza a ser acumulada. Cuando la materia prima comienza a acumularse, se inicia el establecimiento de un centro de conciencia permanente. Cuando el *yo* ha muerto absolutamente, el centro de conciencia permanente ha quedado totalmente establecido.

El capital de materia psíquica se acumula cuando el *ego* muere ya que el gastador de energía es eliminado. Así se establece el centro permanente de conciencia. Dicho centro maravilloso es el alma.

Sólo puede ser fiel a la Gnosis, sólo puede tener continuidad de propósitos, quien ha establecido dentro de sí el centro permanente de conciencia. Quienes no poseen dicho centro pueden estar hoy en la Gnosis y mañana contra ella, hoy con una escuela, mañana con otra. Esta clase de personas no tienen existencia real.

La *Muerte Mística* es un área ardua y difícil de la Revolución de la Dialéctica.

La *catexis suelta* se disuelve a base de rigurosa

comprensión. La convivencia con el prójimo, el trato con las gentes, es el espejo donde podemos vernos de cuerpo entero. En el trato con las gentes, nuestros defectos escondidos saltan fuera, afloran, y si estamos vigilantes, entonces los vemos.

Todo defecto debe ser primeramente analizado intelectualmente y después estudiado con la meditación.

Muchos individuos alcanzaron la perfecta castidad y la absoluta santidad en el mundo físico, pero resultaron grandes fornicarios y espantosos pecadores cuando fueron sometidos a prueba en los mundos superiores. Ellos habían acabado con sus defectos en el mundo físico, pero en otros niveles de la mente continuaban con sus *catexis sueltas*.

Cuando un defecto es totalmente comprendido en todos los niveles de la mente, se desintegra su correspondiente *catexis suelta*, es decir, muere un pequeño *yo*.

Es urgente morir de instante en instante. Con la muerte del *yo* nace el alma. Necesitamos la muerte del *yo* pluralizado en forma total para que se exprese en plenitud de *catexis ligada*, el Ser.

DISOLVIENDO LA CATEXIS SUELTA

Sólo estudiando minuciosamente la *catexis suelta*, el yo, podemos disolverlo totalmente.

Debemos observar minuciosamente los procesos del pensamiento. Los distintos funcionalismos del deseo, los hábitos que conforman nuestra personalidad, los sofismas de distracción, la falacia del *ego* y nuestros impulsos sexuales. Hay que estudiar cómo reaccionan éstos ante los impactos del mundo exterior y ver cómo se asocian.

Comprendiendo todos los procesos de la *catexis suelta*, del *yo* pluralizado, éste se disuelve. Entonces sólo se manifiesta a través y dentro de nosotros la Divinidad.

LA NEGLIGENCIA

La negligencia y el descuido conducen a todo ser humano al fracaso.

Ser negligente es, cómo dijéramos, *Nec Legere*, no elegir, entregarse en brazos del fracaso.

La negligencia es del *ego* y su contrario es la intuición que es del Ser. El *ego* no puede elegir ni distinguir, el Ser sí.

Sólo mediante la viva encarnación de la Revolución de la Dialéctica aprenderemos a “elegir” para no tener más fracasos en la vida.

LAS TRANSACCIONES

El noventa y nueve por ciento de los pensamientos humanos es negativo y perjudicial.

Lo que somos aquí es el resultado de nuestros propios procesos mentales.

El hombre debe auto-explorar su propia mente si desea identificarse, valorarse y auto-imaginarse correctamente.

La dificultad del análisis introspectivo, profundo, está en la *"contratransferencia"*. Esta dificultad se elimina mediante los análisis *estructural* y *transaccional.*

Es importante *segregar* y disolver ciertos agregados psíquicos indeseables fijados en nuestra mente en forma traumática.

Los análisis *transaccional* y *estructural* se combinan inteligentemente en la cuestión esa de la exploración del *ego.*

Cualquier agregado psíquico debe ser previamente *segregado* antes de su disolución final.

EL RASGO PSICOLOGICO CARACTERISTICO

PARTICULAR

Todos los seres humanos son mecanicistas en un ciento por ciento. Inconscientes, trabajando con la conciencia dormida, viven dormidos sin saber de dónde vienen y ni para dónde van, están profundamente hipnotizados.

La hipnosis, que es colectiva y fluye en toda la naturaleza, deviene del abominable órgano Kundartiguador. Esta raza está hipnotizada, inconsciente, sumergida en el sueño más profundo.

Solamente es posible despertar destruyendo el *yo*, *ego*. Tenemos que reconocer con entera claridad que algunas veces hemos hablado sobre el *Rasgo Psicológico Característico Particular* -RPCP- de cada persona.

Ciertamente, cada persona tiene su rasgo psicológico característico particular, eso es cierto. Unos tendrán como rasgo característico a la lujuria, otros tendrán el odio, para otros será la codicia, etc. El *rasgo* es la suma de varios elementos psicológicos característicos particulares.

Para cada RPCP existe siempre un evento definido, una circunstancia precisa. ¿Qué un hombre es lujurioso?. Siempre habrá circunstancias de lujuria en su vida acompañadas de determinados problemas. Estas circunstancias se repiten siempre.

Necesitamos conocer nuestro RPCP si queremos pasar a un nivel superior del Ser y eliminar de nosotros los elementos indeseables que constituyen el *rasgo psicológico*.

Hay un hecho concreto e la vida y es la *discontinuidad* de la naturaleza, eso es obvio. Todos los fenómenos son discontinuos y esto significa que jamás llegaremos a la perfección por medio de la evolución. Necesitamos convertirnos en verdaderos Hombres solares en el sentido más completo de la palabra.

Uno es el nivel de la mujer digna y modesta y otro es el nivel de la mujer indigna e inmodesta. Hay distintos niveles del Ser.

¿Ya nos hemos dado cuenta de nuestro propio nivel del Ser, del nivel del Ser en que nos encontramos? ¿Estamos conscientes de que estamos hipnotizados y dormidos?

El animal intelectual se identifica no solamente con las cosas externas, sino que también anda identificado consigo mismo, con sus pensamientos lujuriosos, con sus borracheras, con sus iras, con sus codicias, con su auto-importancia, con su vanidad, con el orgullo místico, con el auto-mérito, etc.

¿Hemos reflexionado, acaso, que no sólo nos hemos identificado con lo exterior sino también con eso que es vanidad y orgullo? Por ejemplo: ¡Triunfamos hoy! Mas, ¿Triunfamos sobre el día o el día triunfó sobre nosotros? ¿Estamos seguros de no habernos identificado con algún pensamiento morboso, codicioso, orgulloso, un insulto o con alguna preocupación o deuda, etc.? ¿Estamos seguros de que triunfamos sobre el día o que el día triunfó sobre nosotros?

¿Qué hicimos hoy día?¿Ya nos dimos cuenta del *nivel del Ser* en que nos encontramos? ¿Pasamos a un nivel superior del Ser o nos quedamos donde estábamos?

Acaso, ¿Se puede creer que es posible pasar a un nivel del Ser superior si no eliminamos determinados defectos psicológicos? ¿Estamos, acaso, contentos con el nivel del Ser en que actualmente nos encontramos? Si nos vamos a quedar toda la vida en un nivel del Ser, entonces, ¿Qué es lo que estamos haciendo?

En cada nivel del Ser existen determinadas amarguras, determinados sufrimientos, eso es obvio. Todos se quejan de que sufren, de que tienen problemas, del estado en que se encuentran y de sus luchas. Entonces, pregunto una cosa, ¿Se preocupa el animal intelectual por pasar a un nivel superior del Ser?

Obviamente, mientras estemos en el nivel del Ser en que estamos, de nuevo tendrán que repetirse todas las circunstancias adversas que ya conocemos y todas las amarguras en las que nos encontramos. Una y otra vez surgirán idénticas dificultades.

¿Queremos cambiar? ¿No queremos tener más los problemas que nos afligen, los económicos, los políticos, sociales, espirituales, familiares, lujuriosos, etc.? ¿Queremos salvarnos de las dificultades? No tenemos sino más que pasar a un nivel superior del Ser.

Cada vez que nosotros damos un paso hacia un nivel superior del Ser, nos independizamos de las fuerzas ejecutivas de la *catexis suelta*.

De manera que si nosotros no conocemos nuestro RPCP vamos muy mal. Necesitamos conocerlo si es que queremos pasar a un nivel superior del Ser y eliminar de nosotros los elementos indeseables que constituyen ese RPCP, de lo contrario, ¿Cómo pasaremos a un nivel superior del Ser?

El animal intelectual quiere dejar de sufrir pero no hace nada por cambiar, no lucha por pasar a un nivel superior del Ser, entonces ¿Cómo puede cambiar?

Todos los fenómenos son discontinuos; el dogma de la Evolución no sirve para nada, como no sea para estancarnos. Yo conozco a muchos pseudo-esoterista, gente sincera y de buen corazón, que están embotellados en el dogma de la Evolución, que aguardan que el tiempo los perfeccione y pasan millones de años y nunca se perfeccionan. ¿Por qué? Porque tales personas no hacen nada por cambiar los niveles del Ser, permanecen siempre en el mismo escalón. Entonces se necesita pasar más allá de la Evolución y meternos por el camino revolucionario, por el camino de la Revolución de la Conciencia o de la Dialéctica.

La Evolución y la involución son dos leyes que se procesan simultáneamente en todo lo creado, constituyen el eje mecánico de la naturaleza pero jamás nos llevan a la *Liberación.*

Las leyes de la Evolución e Involución son puramente materiales y nada tienen que ver con la Autorrealización íntima del Ser. No las negamos, existen, pero no sirven para la Revolución Psicológica. Nosotros necesitamos ser revolucionarios, necesitamos meternos por el camino de la Revolución de la Conciencia.

¿Cómo podríamos pasar a un nivel superior del Ser si no fuéramos revolucionarios? Observemos los distintos peldaños de una escalera, son discontinuos, así también son los distintos niveles del Ser.

A cada nivel del Ser le pertenece determinado número de actividades. Cuando uno pasa a un nivel superior del Ser tiene que dar un salto y dejar todas las actividades que tenía en el nivel inferior del Ser.

Me vienen todavía a la memoria aquellos tiempos de mi vida, hace veinte, treinta, cuarenta años atrás, los cuales fueron trascendidos. ¿Por qué? Porque encontré niveles superiores del Ser. Era lo que para mí constituía la máxima importancia.

Mis actividades de aquella época fueron suspendidas, cortadas, porque en los escalones superiores del Ser hay otras actividades que son completamente diferentes.

Si se pasa a un nivel superior del Ser, se tiene que dejar muchas cosas que actualmente son importantes, que pertenecen al nivel en el que nos encontramos.

El paso a otro nivel del Ser incluye, pues, un salto, y este salto es rebelde, jamás es de tipo evolutivo, siempre es revolucionario, dialéctico.

Hay hombres mequetrefes, que se sienten como un dios, esta clase de individuos son mitómanos de la peor clase, del peor gusto. El que se siente un sabio por que tiene algunos conocimientos pseudo-esotéricos en su mente y piensa que ya es un gran iniciado, ha caído en la mitomanía, está lleno de sí mismo.

Cada uno de nosotros no es más que un vil gusano del lodo de la tierra; cuando hablo así empiezo por mí. Estar llenos de sí mismos, tener falsas imágenes de sí mismos, fantasías de sí mismos, es estar en niveles inferiores del Ser.

Uno se identifica consigo mismo pensando que va a tener mucho dinero, un lindo automóvil último modelo o que la novia lo quiere, que es un gran señor o que es un sabio. Hay muchas formas de identificarse con uno mismo. Uno tiene que empezar por no identificarse consigo mismo, y después, no identificarse con las cosas de afuera.

Cuando uno no se identifica, por ejemplo, con un insultador, lo perdona, lo ama, no puede herirlo; y si alguien le hiere a uno el amor propio, pero uno no se identifica con el amor propio, pues es claro que no puede sentir dolor alguno puesto que no le duele.

Si uno no se identifica con la vanidad, no le importa andar por la calle aunque sea con unos calzones remendados. ¿Por qué? Porque no está identificado con la vanidad.

Si primero que todo nos identificamos consigo mismos y luego con las vanidades del mundo exterior, entonces no podemos perdonar; recordemos la oración del Señor: "Perdónanos nuestras deudas así como nosotros perdonamos a nuestros deudores...". Pero digo algo más, no basta simplemente con perdonar sino hay que cancelar las deudas. Alguien podría perdonar a un enemigo pero no cancelaría las deudas jamás. Hay que ser sinceros, necesitamos cancelar...

Dice también el Evangelio del Señor: *"Bienaventurados los mansos porque ellos recibirán la tierra por heredad..."* Esta es una frase que nadie ha entendido. Bienaventurados, dijéramos, los no resentidos. Si uno está resentido, ¿cómo puede ser manso? El resentido se las pasa haciendo cuentas; ¡Yo que le hice tantos favores... yo le protegí, le hice tantas obras de caridad y vea cómo me ha pagado este amigo a quien tanto serví y ahora no es capaz de servirme! Estas son las "cuentas" del resentido.

¿Cómo podría ser uno manso si está lleno de resentimientos? El que está lleno de resentimientos vive haciendo cuentas a todas horas, luego, no es manso.¿Cómo podría ser bienaventurado?

¿Qué se entiende por bienaventurado? ¿Qué se entiende por felicidad? ¿Estamos seguros de que somos felices? ¿Quién es feliz? He conocido personas que dicen ¡Yo soy feliz! ¡Estoy contento con mi vida! ¡Yo soy dichoso! Pero a estos mismos les he escuchado decir: ¡Me molesta fulano de tal! ¡Aquel tipo me cae gordo¡ ¡No sé por qué no se me hace esto que tanto he deseado! Entonces, no son felices, lo que sucede realmente es que son hipócritas, eso es todo.

Ser feliz es muy difícil, para ello se necesita antes que todo ser manso.

La palabra *bienaventuranza* significa *felicidad íntima*, no dentro de mil años, sino ahora, aquí mismo, en el instante que estamos viviendo.

Si nosotros verdaderamente nos tornamos mansos mediante la no-identificación, entonces llegaremos a ser felices. Pero es necesario no solamente no identificarnos con nuestros pensamientos de lujuria, de odio, de venganza, de rencor, de resentimiento, no; hay que eliminar de nosotros a *los Demonios Rojos de Seth*, a esos agregados psíquicos que personifican nuestros defectos de tipo psicológico.

Tenemos que comprender, por ejemplo, lo que es el proceso de resentimiento, hay que hacerle la *disección* al resentimiento. Cuando uno llega a la conclusión de que el resentimiento se debe a que poseemos en nuestro interior el amor propio, entonces luchamos por eliminar el *ego* del amor propio. Pero hay que comprenderlo para poderlo eliminar, no podríamos eliminarlo si antes no lo hemos comprendido previamente.

Para poder eliminar se necesita de Devi Kundalini Shakti, sólo ella puede desintegrar cualquier defecto psicológico, incluyendo al *yo* del amor propio.

¿Estamos nosotros seguros de no estar resentidos con alguien? ¿Quién de nosotros está seguro de no estar resentido y de no estar haciendo cuentas? ¿Quién?

Si queremos independizarnos de la mecánica lunar, tenemos que eliminar de nosotros mismos al *yo* del resentimiento y del amor propio. Cuando uno va entendiendo esto avanza por el camino que conduce a la Liberación Final.

Sólo mediante el fuego de Aries, del Cordero, del Carnero encarnado, del Cristo íntimo, nosotros podemos en verdad quemar esos elementos inhumanos que en nuestro interior llevamos, y a medida que la conciencia se valla desembotellando, iremos despertando.

La conciencia no puede despertar en tanto continúe embotellada entre agregados psíquicos que en su conjunto constituyen *él mi mismo*, él *yo*, la *cataxis suelta*. Necesitamos pasar por la *Muerte Mística* aquí y ahora. Necesitamos morir de instante en instante, sólo con la muerte adviene lo nuevo. Si el germen no muere la planta no nace. *Necesitamos aprender a vivir, liberarnos de esa herencia lunar que tenemos.*

METODOLOGIA DEL TRABAJO

Antes de conocer y eliminar el RPCP, debemos trabajar intensamente en un sentido general con relación a todos los defectos ya que el RPCP tiene raíces muy profundas que vienen de existencias pasadas. Para conocerlo, se hace necesaria haber trabajado en una forma incansable y con una *Metodología de Trabajo*, por lo menos de cinco años.

Hay que tener orden en el trabajo y *precisión* en la eliminación de los defectos. Por ejemplo: A uno, durante el día, se le han manifestado los defectos de la lujuria por la mañana, el del orgullo por la tarde y el de la ira por la noche. Indubitablemente, estamos viendo una sucesión de *hechos y manifestaciones*. Entonces nos preguntamos: ¿Cómo y sobre qué defecto manifestado durante el día debemos trabajar?

En realidad de verdad, la respuesta es sencilla. Al llegar la noche o la hora de meditación, con el cuerpo relajado, pasamos a practicar el ejercicio retrospectivo sobre los hechos y manifestaciones del *ego* durante el día. Ya reconstruidos, ordenados y numerados, procederemos al trabajo de comprensión.

Primero laboraremos sobre un evento egoico al cual le podremos dedicar unos 20 minutos; después, otro suceso psicológico al que podremos dedicarle 10 minutos, y 15 minutos a otra manifestación. Todo depende de la gravedad e intensidad de los *eventos egoicos*.

Ordenados los hechos y manifestaciones de la *catexis suelta*, del mí mismo, podremos trabajarlos en la noche o a la hora de la meditación, tranquilamente y con orden metódico.

En cada trabajo sobre tal o cual defecto, evento y manifestación entran los siguientes factores: *Descubrimiento, enjuiciamiento y ejecución*. A cada agregado psicológico se le aplican los tres factores mencionados así: Descubrimiento, cuando se le ha visto en acción, en manifestación. Enjuiciamiento o comprensión, cuando se le conocen todas sus raíces. Ejecución, con la ayuda de la Divina Madre Kundalini, a través de la sabia práctica de la Super-dinámica sexual.

LOS SOFISMAS DE DISTRACCION

Sofismas, son los falsos razonamientos que inducen al error y que son gestados por el *ego* en los cuarenta y nueve niveles del subconsciente.

El subconsciente es el sepulcro del pasado sobre el cual arde la llama fatua del pensamiento y en donde se gestan los *sofismas de distracción*; éstos llevan al animal intelectual a la fascinación, y por ende, al sueño de la conciencia.

Lo que está guardado dentro del sepulcro es podredumbre y huesos de muertos, mas la loza sepulcral es muy bonita y sobre ella arde fatalmente la llama del intelecto.

Si queremos disolver él *yo*, tenemos que destapar el sepulcro subconsciente y exhumar todos los huesos y la podredumbre del pasado. Muy bonito es el sepulcro por fuera, pero por dentro, es inmundo y abominable; necesitamos volvernos sepultureros.

Insultar a otro, herirle en sus íntimos sentimientos, humillarlo, es cosa muy fácil cuando se trata dizque de corregirle para su propio bien. Así piensan los iracundos, aquellos que creyendo no odiar, odian sin saber que odian.

Muchas son las gentes que luchan en la vida por ser ricos. Trabajan, ahorran y se esmeran en todo, pero el resorte secreto de todas sus actividades es la *envidia* secreta, la que se desconoce, la que no sale a la superficie, la que permanece guardada en el sepulcro del subconsciente.

Es difícil hallar en la vida a alguien que no envidie la bonita casa, el flamante automóvil, la inteligencia del líder, el hermoso traje, la buena posición social, la magnífica fortuna, etc.

Casi siempre los mejores esfuerzos de los ciudadanos tienen como resorte secreto a la *envidia*.

Muchas son las gentes que gozan de buen apetito y aborrecen la glotonería, pero comen siempre mucho más allá de lo normal.

Muchas son las gentes que vigilan a su cónyuge exageradamente, pero aborrecen los celos.

Muchos son los estudiantes de ciertas escuelas pseudo-esotéricas y pseudo-ocultistas que aborrecen las cosas de este mundo y no trabajan en nada porque todo eso es vanidad, pero son celosos con sus virtudes y jamás aceptan que alguien les califique de perezosos.

Muchos son los que odian la lisonja y la alabanza, pero no tienen inconveniente en humillar con su modestia al pobre poeta que les compuso un verso con el único propósito de conseguir una moneda para comprar un pan.

Muchos son los jueces que saben cumplir con su deber, pero también son muchos son los jueces que con la virtud del deber han asesinado a otros. Fueron numerosas las cabezas que cayeron en la guillotina de la Revolución Francesa.

Todos los verdugos cumplen con su deber y ya son millones las víctimas inocentes de los verdugos. Ningún verdugo se siente culpable, todos cumplen con su deber...

Las cárceles están llenas de inocentes, pero los jueces no se sienten culpables porque están cumpliendo con su deber.

El padre o la madre de familia, llenos de ira azotan y dan de palos a sus pequeños niños, pero no sienten remordimiento porque están dizque cumpliendo con su deber y todo aceptarían menos que se les calificara de crueles.

Sólo con la mente quieta y silente, sumergidos en profunda meditación, podremos extraer de entre el sepulcro del subconsciente toda la podredumbre secreta que cargamos dentro. No es nada agradable ver la negra sepultura con todos los huesos y podredumbre del pasado.

Cada defecto escondido huele feo dentro de su sepultura, pero viéndolo resulta fácil quemarlo y reducirlo a cenizas.

El fuego de la *comprensión* reduce a polvo la podredumbre del pasado. Muchos estudiantes de Psicología, cuando analizan el subconsciente, cometen el error de ividirse entre analizador y analizado, intelecto y subconsciente, sujeto y objeto, perceptor y percibido.

Esos tipos de división son los *sofismas de distracción* que nos presenta el *ego*. Estos tipos de división crean antagonismos y luchas entre el intelecto y subconsciente, y donde hay luchas y batallas no puede haber quietud y silencio de la mente.

Sólo en la quietud y silencio mental podemos extraer de entre la negra sepultura del subconsciente toda la podredumbre del pasado.

No digamos mi *yo* tiene envidia, odio, celos, ira, lujuria, etc., mejor es no dividirnos, mejor es decir: yo tengo envidia, odio, celos, ira, lujuria, etc.

Cuando estudiamos los libros sagrados de la India, nos entusiasmamos pensando en el Supremo Brahatman y en la unión de Atman con el Brahatman; pero, realmente, mientras exista un *yo* psicológico con sus *sofismas de distracción*, no podremos lograr la dicha de unirnos con el Espíritu Universal de Vida, Muerto el *yo*, el Espíritu Universal de Vida está en nosotros como la llama en la lámpara.

LA FALACIA DEL EGO.

La *falacia del ego* es el hábito de engañar sin limitación alguna, procesándose ésta a través de las *series* del yo.

Cualquier persona puede cometer el error de volarse el cráneo como lo hace cualquier suicida cobarde e imbécil, pero el famoso *yo* de la Psicología jamás podrá suicidarse.

Las gentes de todas las escuelas pseudo- esotéricas tienen magníficos ideales y hasta sublimes intenciones, pero todo eso continúa existiendo en el terreno del pensamiento subjetivo y miserable, todo eso es del *yo.*

Él *yo* siempre es perverso, a veces se adorna con bellas virtudes y hasta viste con la túnica de la santidad.

Cuando él *yo* quiere dejar de existir, no lo hace en forma desinteresada y pura, quiere continuar en forma diferente, aspira a la recompensa y a la dicha.

Por estos tiempos mecanizados de la vida hay producción en serie, series de carros, series de aviones, series de máquinas de tal o cual marca, etc., todo se ha vuelto *series* y hasta el mismo *yo* es serie.

Debemos conocer las series del *yo.* El *yo* se procesa en *series* y más *series* de pensamientos, sentimientos, deseos, odios, hábitos, etc.

Que los divisionistas del *yo* continúen dividiendo su *ego* entre "superior e inferior", allá ellos con todas sus teorías y el tan cacareado *yo superior y ultra-divino* controlando al infeliz *yo inferior.*

Bien sabemos que esa división entre *yo superior* y yo inferior es falsa en un ciento por ciento. Superior e inferior son dos secciones de una misma cosa. *Yo superior* y *yo inferior* son las dos secciones de Satán, el yo.

¿Puede acaso una parte del yo reducir a polvo a otra parte del *yo*? ¿Puede acaso una parte del *mí mismo* decretar la ley del destierro a otra parte del *mí mismo?*

Lo más que podemos hacer ocultar astutamente lo que nos conviene, esconder nuestras perversidades y sonreír con caras de santos, ésta es la *falacia del ego*, el hábito de engañar. Una parte del mí mismo puede esconder a otra parte *del mi mismo*. ¿Es esto algo raro? ¿Acaso el gato no esconde sus uñas? Esta es *la falacia del ego*. Todos nosotros llevemos por dentro al fariseo, por fuera estamos muy bonitos, pero por dentro estamos bien podridos.

Nosotros hemos conocido fariseos que horrorizan. Conocimos uno que vestía la inmaculada túnica del Maestro, su cabello era largo y jamás la navaja cortaba su venerable barba. Este hombre espantaba con su santidad a todo el mundo, era vegetariano en un ciento por ciento, no bebía nada que pudiese tener alcohol, la gente se arrodillaba ante él.

No mencionamos el nombre de este santo de chocolate, sólo nos limitamos a decir que había abandonado a su esposa e hijos dizque por seguir la senda de santidad.

Predicaba bellezas y hablaba horrores contra el adulterio y la fornicación, pero en secreto tenía muchas concubinas y proponía a sus devotas conexiones sexuales anti-naturales por vasos no idóneos. Era un santo, sí, ¡un santo de chocolate!

Así son los fariseos... «*Hay de vosotros escribas y fariseos hipócritas porque limpiáis lo de fuera del vaso y del plato, pero por dentro estáis llenos de robo y de injusticia".*

No coméis carne, no bebéis alcohol, no fumáis... En verdad os mostráis justos a los hombres, pero por dentro estáis llenos de hipocresía y maldad.

El fariseo, con su *falacia del ego*, esconde los delitos ante los ojos ajenos y también los esconde de *sí mismo*.

Conocemos fariseos que hacen tremendos ayunos y espantosas penitencias, están muy seguros de ser justos y sabios, pero sus víctimas lloran lo indecible. Casi siempre son sus mujeres, sus hijos, las víctimas inocentes de sus maldades, pero ellos continúan con sus sagrados ejercicios convencidos de ser justos y santos.

El llamado *yo superior* dice: "Venceré la ira, la codicia, la lujuria, etc., pero el llamado *yo inferior* se ríe entonces con la carcajada estruendosa de Aristofánes y los demonios de las pasiones, aterrorizados, corren a esconderse entre las cavernas secretas de los distintos terrenos de la mente. Así es como funciona el *ego*".

Todo esfuerzo intelectual para disolver al *yo* es inútil porque cualquier movimiento de la mente pertenece al *yo*. Cualquier parte del *mí mismo* puede tener buenas intenciones. ¿Y qué? El camino que conduce al abismo está empedrado con buenas intenciones

Es curioso ese juego o falacia de una parte del *mí mismo* que quiere controlar a otra parte del *mí mismo* que no tiene ganas de ser controlada.

Son conmovedoras las penitencias de esos santos que hacen sufrir a la mujer y a los hijos. Son chistosas todas esas mansedumbres de los "santos de chocolate". Es admirable la erudición de los sabihondos. ¿Y qué? El *yo* no puede destruir al *yo* y continúa perpetuándose a través de millones de años en nuestros descendientes.

Debemos desencantarnos de todos los esfuerzos y falacias inútiles. Cuando el *yo* quiere destruir al *yo*, el esfuerzo es inútil.

Sólo comprendiendo a fondo y de verdad lo que son las batallas inútiles del pensamiento, sólo comprendiendo las acciones y reacciones internas y externas, las respuestas secretas, los móviles ocultos, los impulsos escondidos, etc., podemos entonces alcanzar la quietud y el silencio imponente de la mente.

Sobre las aguas puras del océano de la Mente Universal, podemos contemplar en estado de éxtasis todas las diabluras del *yo* pluralizado.

Cuando el *yo* ya no puede esconderse está condenado a pena de muerte. Al *yo* le gusta esconderse, pero cuando ya no puede esconderse, está perdido el infeliz.

Sólo en la serenidad del pensamiento vemos al *yo* tal cual es y no como aparentemente es. Ver al *yo* y comprenderlo viene a ser un todo íntegro. El *yo* está fracasado después de que lo hemos comprendido porque se vuelve polvo inevitablemente.

La quietud del océano de la mente no es un resultado, es un estado natural. Las olas embravecidas del pensamiento son sólo un accidente producido por el monstruo del *yo*.

La mente fatua, la mente necia, la mente que dice: "Con el tiempo lograré la serenidad, algún día llegaré", está condenada al fracaso porque la serenidad de la mente no es del tiempo. Todo lo que pertenece al tiempo es del *yo*. El mismo *yo* es del tiempo.

Aquellos que quieren armar la serenidad del pensamiento, armarla como quien arma una máquina juntando inteligentemente cada una de sus partes, están de hecho fracasados porque la serenidad de la mente no se compone de varias partes que se pueden armar o desarmar, organizar o desorganizar, juntarse o separarse.

EL ESFUERZO

Para experimentar la Verdad no se necesita *esfuerzo* alguno. La gente está acostumbrada a esforzarse en todo y supone, equivocadamente, que es imposible experimentar la Verdad sin esfuerzo.

Podemos necesitar esfuerzo para ganarnos el pan de cada día o para jugar un partido de fútbol, o para cargar un fardo bien pesado, pero es absurdo creer que sea necesario el *esfuerzo* para experimentar eso que es la Verdad.

La *comprensión* reemplaza al *esfuerzo* cuando se trata de comprender la verdad escondida íntimamente en el fondo secreto de cada problema.

No necesitamos *esfuerzo* alguno para comprender todos y cada uno de los defectos que llevamos escondidos en los distintos terrenos de la mente.

No necesitamos *esfuerzo* para comprender que la *envidia* es uno de los más potentes resortes de la máquina social. ¿Porqué quieren muchas gentes progresar? ¿Por qué quieren muchas personas tener hermosas residencias y coches elegantísimos? Todo el mundo envidia lo ajeno, la *envidia* es pesar por el bien ajeno.

Las mujeres elegantes son envidiadas por otras mujeres menos elegantes y esto sirve para intensificar la lucha y el dolor. Las que no tienen quieren tener y hasta dejan de comer para comprar ropa y adornos de toda especie con el único propósito de no ser menos que nadie.

Todo paladín de una gran causa es odiado mortalmente por los envidiosos. La *envidia* del impotente, del vencido, del mezquino, se disfraza con la toga del juez o con la túnica de la santidad y de la maestría, o con el sofisma de que se aplaude, o con la belleza de la humildad.

Si comprendemos en forma íntegra que somos envidiosos, es lógico que la *envidia* entonces termina y en su lugar aparece la estrella que se alegra y resplandece por el bien ajeno.

Existen gentes que quieren dejar de ser codiciosas pero codician no ser codiciosas, he ahí una forma de *codicia.*

Existen hombres que se esfuerzan por conseguir la virtud de la castidad, pero cuando ven en la calle una muchacha bonita le echan algunos bonitos piropos, y si la muchacha es amiga, no pueden menos que agasajarla, decirle bellas palabras, admirarla, alabarle sus bellas cualidades, etc. El trasfondo de toda esa coquetería se encuentra en los resortes secretos de la *lujuria* subconsciente, tenebrosa y sumergida.

Cuando comprendemos sin *esfuerzo* alguno todos los juegos de la *lujuria,* ésta se aniquila y nace en su lugar la inmaculada flor de la castidad.

No es con *esfuerzo* alguno como podemos adquirir esas virtudes. El *yo* se robustece cuando se esfuerza por adquirir virtudes. Al *yo* le encantan las condecoraciones, las medallas, los títulos, los honores, las virtudes, las bellas cualidades, etc.

Cuentan las tradiciones griegas que Aristipo, el filósofo, queriendo demostrar su sabiduría y modestia, se vistió con una vieja túnica llena de remiendos y agujeros, empuñó el báculo de la filosofía y se fue por las calles de Atenas. Cuando

Sócrates lo vio llegar a su casa exclamó: ¡Oh, Aristipo, se ve tu vanidad a través de los agujeros de tu vestidura!

Los pedantes, los vanidosos, los orgullosos, creyéndose muy humildes, se visten con la túnica de Aristipo. La humildad es una flor muy exótica, quien presuma de humilde está lleno de *orgullo.*

En la vida práctica hacemos muchos esfuerzos inútiles cada vez que un nuevo problema nos atormenta. Apelamos al *esfuerzo* para solucionarlo, luchamos y sufrimos, pero entonces, lo único que conseguimos es hacer locuras y complicar más y más la existencia.

Los desilusionados, los desencantados, aquéllos que ya ni siquiera quieren pensar, aquéllos que no pudieron resolver un problema vital, encuentran la solución cuando su mente está serena y tranquila, cuando ya no tenían esperanza alguna.

Ninguna verdad se puede comprender por medio del *esfuerzo.* La verdad viene como un ladrón en la noche, cuando menos se le espera.

Las extrapercepciones sensoriales durante la meditación, la iluminación, la solución de algún problema, sólo son posibles cuando no existe ningún tipo de *esfuerzo* consciente o subconsciente, cuando la mente no se esfuerza en ser más de lo que es.

El orgullo también se disfraza de sublime, la mente se esfuerza por ser algo más de lo que es. La mente, serena como un lago, puede experimentar la Verdad, pero cuando la mente quiere ser algo más, está en tensión, está en lucha y entonces la experiencia de la Verdad se hace imposible.

No debemos confundir la Verdad con las opiniones. Muchos opinan que la Verdad es esto o aquello, o que la Verdad es tal o cual libro. O tal o cual creencia o idea, etc.

Quien quiera experimentar la Verdad no debe confundir las creencias, ideas, opiniones y teorías con eso que es la Verdad.

Debemos experimentar la Verdad en forma directa, práctica y real; esto sólo es posible en la quietud y silencio de la mente, y esto se logra por medio de la meditación.

Vivenciar la Verdad es lo fundamental. No es por medio del *esfuerzo* como podemos experimentar la Verdad. La Verdad no es el resultado, la Verdad no es el producto del *esfuerzo*. La Verdad adviene a nosotros por medio de la comprensión profunda.

Necesitamos *esfuerzo* para trabajar en la Gran Obra, *esfuerzo* para transmutar nuestras energías creadoras, *esfuerzo* para vivir, luchar y recorrer el camino de la Revolución Integral, pero no necesitamos esfuerzo para comprender la Verdad.

LA ESCLAVITUD PSICOLOGICA

No cabe la menor duda de que estamos al borde de una tercera conflagración mundial y por eso hemos escrito este libro titulado *La Revolución de la Dialéctica.*

Los tiempos han cambiado y estamos iniciando una nueva Era entre el augusto tronar del pensamiento. Ahora se necesita una Ética revolucionaria basada en una Psicología Revolucionaria.

Sin una ética de fondo las mejores fórmulas sociales y económicas quedan reducidas a polvo. Es imposible que el individuo se transforme si no se preocupa por la disolución del *yo.*

La esclavitud psicológica destruye la convivencia. Depender psicológicamente de alguien es esclavitud. Si nuestra manera de pensar, sentir y obrar, depende de la manera de pensar, sentir y obrar de aquellas personas que conviven con nosotros, entonces estamos esclavizados.

Constantemente recibimos cartas de muchas gentes deseosas de disolver el *yo*, pero se quejan de la mujer, de los hijos, del hermano, de la familia, del marido, del patrón, etc. Esas gentes exigen condiciones para disolver el yo, quieren comodidades para aniquilar el *ego*, reclaman magnífica conducta de aquéllos que con ellos conviven.

Lo más chistoso de todo esto es que esas pobres gentes buscan diversas evasivas, quieren huir, abandonar su hogar, su trabajo, etc., dizque para realizarse a fondo.

Pobres gentes..., sus adorados tormentos son sus amos, naturalmente. Esas gentes no han aprendido a ser libres, su conducta depende de la conducta ajena.

Si queremos seguir la senda de la castidad y aspiramos a que primero la mujer sea casta, entonces estamos fracasados. Si queremos dejar de ser borrachos pero nos apenamos cuando nos ofrecen la copa por aquello del qué dirán, o porque se pueden enojar nuestros amigos, entonces jamás dejaremos de ser borrachos.

Si queremos dejar de ser corajudos, irascibles, iracundos, furiosos, pero como primera condición exigimos que aquéllos que conviven con nosotros sean dulces y serenos y que no hagan nada que nos moleste, entonces sí estamos bien fracasados porque ellos no son santos y en cualquier momento acabarán con nuestras buenas intenciones.

Si queremos disolver el *yo* necesitamos ser libres. Quien dependa de la conducta ajena no podrá disolver el yo. Nuestra conducta debe ser propia y no debe depender de nadie. Nuestros pensamientos, sentimientos y acciones, deben fluir independientemente desde adentro hacia fuera.

Las peores dificultades nos ofrecen las mejores oportunidades. En el pasado existieron sabios rodeados de toda clase de comodidades y sin dificultades de ninguna especie. Esos sabios, queriendo aniquilar el *yo*, tuvieron que crearse a sí mismos situaciones difíciles.

En las situaciones difíciles tenemos oportunidades formidables para estudiar nuestros impulsos internos y externos, nuestros pensamientos, sentimientos, acciones, nuestras reacciones, voliciones, etc.

La convivencia es un espejo de cuerpo entero donde

podemos vernos tal cual somos y no como aparentemente somos. Es una maravilla la convivencia, si estamos bien atentos podemos descubrir a cada instante nuestros más secretos defectos, ellos afloran, saltan fuera cuando menos los esperamos.

Hemos conocido muchas personas que dicen: Yo ya no tengo ira, y a la menor provocación truenan y relampaguean. Otros dicen: Yo ya no tengo celos, pero basta una sonrisa del cónyuge o la cónyuge a cualquier buen vecino, para que sus rostros estén verdes de celos.

Las gentes protestan por las dificultades que les ofrece la convivencia. No quieren darse cuenta de que esas dificultades, precisamente, les están brindando todas las oportunidades necesarias para la disolución del *yo*. La convivencia es una escuela formidable, el libro de esa escuela consta de muchos tomos, el libro de esa escuela es el *yo*.

Necesitamos ser libres de verdad si es que realmente queremos disolver el *yo*. No es libre quien depende de la conducta ajena. Sólo aquél que se hace libre de verdad sabe lo que es el *amor*. El esclavo no sabe lo que es el verdadero amor. Si somos esclavos de pensar, sentir y hacer de los demás, jamás sabremos lo que es *amor*.

El *amor* nace en nosotros cuando acabamos con la esclavitud psicológica. Necesitamos comprender muy profundamente, y en todos los terrenos de la mente, todo ese complicado mecanismo de la esclavitud psicológica.

Existen muchas formas de esclavitud psicológica. Es necesario estudiar todas esas formas si es que realmente queremos disolver el yo.

Existe esclavitud psicológica no sólo en lo interno, sino también en lo externo. Existe la esclavitud íntima, la secreta, la oculta, de la que no sospechamos ni siquiera remotamente.

El esclavo cree que ama, cuando en verdad sólo está temiendo. El esclavo no sabe lo que es el verdadero *amor.*

La mujer que teme a su marido, cree que lo adora cuando en verdad sólo le está temiendo. El marido que teme a su mujer, cree que la ama cuando en realidad lo que sucede es que le teme. Puede temer que se vaya con otro, o que su carácter se torne agrio o que se le niegue sexualmente, etc.

El trabajador que le teme al patrón, cree que le ama, que le respeta, que vela por sus intereses, etc. *Ningún esclavo psicológico sabe lo que es el amor*, la esclavitud psicológica es incompatible con el *amor.*

Existen dos géneros de conducta: El primero es la que viene de afuera hacia adentro y el segundo es la que va de adentro hacia fuera. La primera es el resultado de la esclavitud psicológica y se produce por reacción: Nos pegan y pegamos, nos insultan y contestamos con groserías. El segundo tipo de conducta es el mejor, el de aquél que ya no es esclavo, el de aquél que ya nada tiene que ver con el pensar, sentir y hacer de los demás. Ese tipo de conducta es independiente, es una conducta recta y justa. Si nos pegan, contestamos bendiciendo; si nos insultan, guardamos silencio; si quieren emborracharnos, no bebemos aun cuando nuestros amigos se enojen, etc.

Ahora comprenderán nuestros lectores por qué la libertad psicológica trae eso que se llama *amor.*

LA PERSONALIDAD KALKIANA

Tenemos que hacernos cada vez más conscientes de la labor que estamos realizando. Es fundamental conocer la diferencia que hay entre el Movimiento Gnóstico y todas las demás organizaciones que hay por ahí, pseudo-esotéricas y pseudo-ocultistas, etc. Ante todo, tenemos que sabernos situar, centrar, si es que queremos comprender la labor que debemos realizar.

Si echamos una ojeada en general a las diversas escuelas que hay actualmente en el mundo, todas de tipo pseudo-esotérico y pseudo-ocultista, venimos muy fácilmente a descubrir su origen.

En alguna ocasión sucedió en Roma el caso de una monja que caía constantemente en trance hipnótico. Tenía ella su confesor y con él hubo de aclarar la causa causorum de esos trances fatales. Ante todo, el confesor logró saber que ella había tenido un amante y a pesar de estar enclaustrada conservaba una fotografía del amante. El confesor se la hizo traer, de pronto se dio cuenta éste que con sólo mirar ella aquella figura caía en trance. Resolvió aquel confesor asesorarse por un psicólogo y sometieron a la monja aquella a experimentos psíquicos. Entonces se pudo evidenciar que no era la fotografía de aquel hombre la que la ponía en estado de trance, sino unas piedras muy brillantes que había en el marco de la foto.

Continuaron las investigaciones y muy pronto se pudo sacar, como consecuencia o corolario, que toda clase de objetos brillantes predisponen a los estados hipnóticos. Como resultado devino prácticamente todo una escuela. Se pudo verificar que mediante los estados hipnóticos sería posible modificar en alguna forma los estados psicológicos de los pacientes, y se resolvió, por ende, utilizar la hipnosis para curar pacientes o curar enfermos.

Nacieron así los famosos médicos hipnotistas. Fue entonces cuando hicieron su aparición en el mundo muchos secuaces de la Hipnología, de la Catalepsia, del Mediumnismo, etc. No está demás recordar con cierto énfasis a Richard Charcott, Luis Zea Uribe, César Lombroso, Camile Flamarión, etc.

Entre esa escuela de hipnotistas se distinguieron especialmente: Un inglés cuyo nombre no recuerdo en estos precisos instantes y el famoso Charcott. En cuanto al primero, tenía todas las propiedades del Hanasmussen; el otro, el segundón, no hay duda de que era el "nene de mamá", me refiero a Charcott. Sus experimentos fueron muy notables, pero como quiera que él era el "baby", el consentido de la familia, todo lo que él hiciera era una maravilla.

Bien, si hago mención de todos estos pasajes a groso modo, y de experimentos de magnetismo, de hipnología, catalepsia, espiritiadera y cincuenta mil cosas más por el estilo, es con un solo propósito: hacerles ver a ustedes de dónde salieron las diversas escuelas de tipo pseudo-esotérico y pseudo-ocultista de esta negra edad del Kali Yuga.

Por aquellos tiempos de las señoritas Fox de Mirville, que lograban servir de instrumento para materialización de la famosa Katie King, fantasma que duró materializándose tres años seguidos ante los ojos de los distintos científicos del mundo entero; por aquéllos días de la Eusapia Paladino de Nápoles, en los que toda Europa se agitó con los fenómenos psíquicos, fue cuando apareció el Teosofismo de tipo oriental. Y claro, ustedes lo saben, lo sabe todo aquél que haya visitado esas organizaciones, en dichas escuelas siempre hay una mezcla de espiritiadera con teorías de tipo indostánico. Nunca se vio libre el teosofismo del fenómeno espirita.

Cuando conocemos el origen de las diversas organizaciones que actualmente existen, no puede extrañarnos en forma alguna el que el teosofismo se halle mezclado con algo de mediumnismo. Que se asusten los teósofos ante el Tantrismo es apenas normal porque no es una escuela de tipo esotérico, sino pseudo-ocultista y nada más.

Incuestionablemente, de aquella escuela de hipnotistas tuvieron que desprenderse, y lo hicieron, como es natural, muchas ramas u organizaciones, llamémosles pseudo-rosacrucismo, pseudo-yoguismo, etc. Son tan innumerables que necesitaríamos consultar un diccionario para conocer el nombre de todas.

Pero vamos al fondo de la cuestión, ¿cuál es el basamento de tales escuelas? El Dogma de la Evolución. ¿De dónde salió ese tan cacareado dogma? De un señor Darwin.

Parece increíble que el Señor Darwin se haya echado a la bolsa a muchas figuras eminentes, a muchos investigadores esoteristas, pseudo-esoteristas y a muchos aspirantes sinceros. Pero así lo fue, no lo podemos negar.

La concepción que sobre la *reencarnación* crearon las instituciones pseudo-esotéricas en el mundo occidental es falsa. Nunca dijo el Señor Krishna que todos los seres humanos se reencarnaban. El dijo que tan sólo los Budas, los Dioses, los Héroes solares, tenían derecho a la *reencarnación*. Los demás estamos sometidos a la Ley del Eterno Retorno de todas las cosas, eso es claro.

Tampoco se dijo nunca en Oriente que todos los seres humanoides poseyeran los cuerpos existenciales superiores del Ser. Pero fue fácil para las escuelas de tipo pseudo-esotérico y pseudo-ocultista hacerle creer a la humanidad que todo el mundo ya posee dichos vehículos superiores. Así no tienen ellos ningún inconveniente en tratar el tema "El Septenario del Hombre" con una seguridad tal que pareciera como si verdaderamente todos los humanoides poseyeran todo ese conjunto de vehículos.

Bueno, el resultado de esta especie de morbosidad, difundida por el mundo occidental, de estas escuelas de tipo subjetivo, incoherente, vago e impreciso, ha sido la *Personalidad Kalkiana,* es decir, la personalidad propia de esta edad del Kali Yuga.

Las *personalidades kalkianas* son irrespetuosas, irreverentes. Este tipo de personalidad de las escuelas pseudo-esotéricas y pseudo-ocultistas han perdido, no sólo el sentido de la auténtica devoción y de la verdadera religiosidad sino también el de la veneración a los Patriarcas antiguos. Así que la humanidad, pudiendo ser dirigida por religiones verdaderamente sabias, se ha degenerado en sus sabihondeces ridículas, formándose así la *personalidad kalkiana.*

Conviene que se sepa confrontar una personalidad kalkiana con una personalidad auténticamente esoterista. ¿Cuál es su diferencia? La personalidad Kalkiana está llena de sabihondeces, embotellada en el Dogma de la Evolución, mal informada sobre la constitución interna del hombre, desconoce los misterios tántricos, teme el desarrollo de la Serpiente ígnea en la espina dorsal, y además el hecho de estar atiborrada de teorías produce en ella una sensación de auto-suficiencia.

Incuestionablemente, la *personalidad kalkiana* es víctima del auto engaño. Cree haberlo logrado todo cuando no ha logrado nada y lo peor es que ha perdido el sentido de la veneración, ha olvidado la verdadera y auténtica religiosidad, ha perdido también la humildad ante el Logos Creador. Esta es la *personalidad kalkiana.*

Nosotros no podemos seguir por el camino de la *personalidad kalkiana*, no podemos aceptar esos falsos dogmas como lo son los de la Evolución, como son los de creer que ya todos los humanoides son Hombres perfectos, completos, con los cuerpos existenciales ya formados; como son el temer a la Serpiente ígnea de nuestros mágicos poderes y a la experiencia vivida, etc. Preferimos mejor seguir por el camino de la Sabiduría auténtica, la senda de los Tantras, la de la disolución del *ego* y la del reconocimiento de nuestra propia miseria e incapacidad. Preferimos reconocer que no somos nada, que somos tan sólo míseros gusanos del lodo. Nos preocupamos, eso sí, por trabajar en nosotros mismos, sobre nosotros mismos. Queremos la disolución de nuestro mí mismo, del sí mismo.

Usamos el poder inteligente de la Energía Creadora. Trabajamos en la Forja de los Cíclopes que tanto asusta a los pseudo-esoteristas y pseudo-ocultistas. Estamos, pues, en un camino diferente, distinto, revolucionario en un ciento por ciento, y que sin embargo tiene una antigüedad espantosa que se pierde en la noche insoportable de todas las edades.

Ciertamente, las características de la *personalidad kalkiana* son inconfundibles. Ante todo, *la auto-suficiencia* y el terrible *orgullo* y la espantosa *vanidad* fundamentada en las teorías. Vemos, ejemplo, en las escuelas de psicoanálisis, parapsicología, etc.; qué terrible orgullo y auto-suficiencia embarga a esas gentes con verdaderas *personalidades kalkianas*. Estas descollan no solamente dentro de ciertos grupos sino que se aparecen en televisión, figuran en la prensa, en la radio, y tienen al mundo completamente envenenado con un tipo de vibraciones que en esoterismo se denominan *venenioosklrianas*.

Tienen una auto-suficiencia completa, miran con desdén a las gentes de la Edad Media, se creen auto-super-civilizados, creen que han llegado al *non plus ultra* de la sabiduría. Es tal su *orgullo* que piensan conquistar el Infinito, el Espacio exterior, se ríen de lo que ellos consideran supersticiones de los sabios medioevales, he aquí el tipo de la *personalidad kalkiana*.

¿Y cómo hacerles comprender a esas personalidades kalkianas que están equivocadas?

No bastaría simplemente que lo negaran, ¿verdad? Como quiera que esas *personalidades kalkianas* manejan la razón y que ésa es su arma de combate, su caballito de batalla, pues hay que llevarlos a comprender lo que es el procesos del razonamiento.

Hay que hacerles saber a esas gentes auto-suficientes y orgullosas que Don Emmanuel Kant, el filósofo de Koenigsberg, el gran pensador alemán, escribió una obra titulada "La Crítica de la Razón Pura", como también escribió "La Crítica de la Razón Práctica".

Si estudiamos a Don Emmanuel Kant veremos cómo hace para descifrarnos, no solamente en sus prosilogismos, esilogismos y silogismos, sino también en la forma como analiza los conceptos de contenido en la "Crítica de la Razón Pura".

Es claro que mediante las percepciones sensoriales externas informamos a la mente, entonces ésta elabora sus propios conceptos de contenido basados, precisamente, en los ensambles nústicos sensoriales. Desde este punto de vista, la razón no podría saber nada que no perteneciera al mundo de los cinco sentidos, puesto que los conceptos de contenido se elaboran únicamente con el ensamble sensorial, y por tal motivo, está circunscrita nada más que por los datos aportados por los sentidos. Por lo tanto, ¿Qúe puede saber la razón subjetiva sobre los intuitos?, ¿Y sobre las ideas a priori?, ¿Y sobre aquello que escapa a los aspectos de contenido basados únicamente en las percepciones sensoriales externas? ¡Nada! ¿Verdad?.

Existe otro tipo de razón que la *personalidad kalkiana* desconoce absolutamente, quiero referirme en forma enfática a la razón objetiva. Obviamente, ésta tiene por basamento los datos de la conciencia y es con tales datos con los que funciona.

En esoterismo auténtico a la conciencia se le llama *Zoostat*.

La *razón objetiva* estuvo desarrollada antes de que surgiera la época Greco-romana. La tuvieron en desarrollo los primitivos arios de la primera sub-raza de la gran raza Aria que floreciera en el Asia Central. La poseyeron las gentes de la segunda sub-raza anterior al período de los Rishis solares. También la usaron los egipcios de las antiguas Dinastías de los faraones, los babilónicos, los sabios del Afganistán, del Turquestán y del Irak y vino a concluir, prácticamente, con el Razonamiento griego.

Fueron los griegos, quienes comenzando a jugar con la palabra, terminaron por establecer el razonamiento subjetivo basado en las percepciones sensoriales externas ahogando a la razón objetiva, eliminándola de la faz de la tierra. Desde entonces la humanidad únicamente posee el razonamiento subjetivo, las percepciones sensoriales externas, los datos aportados por los sentidos.

Los conceptos de contenido están basados en los *ensambles sensoriales,* etc. y nada puede saber la razón subjetiva sobre aquello que se escape de los factores antes mencionados. Nada puede saber la razón subjetiva sensualista sobre lo real, sobre lo divinal, sobre los misterios de la vida y de la muerte, etc. Es completamente ignorante de todo aquello que se escape de su círculo de acción que son los cinco deficientes sentidos.

Incuestionablemente, existen los poderes del corazón, aquellas cualidades que están mucho más allá del intelecto y de su proceso meramente razonativo y de las cuales nada sabe ni conoce la razón subjetiva sensualista.

En la tierra sagrada de los Vedas existe un viejo manuscrito que dice lo siguiente: "Aquél que meditare en el centro del corazón logrará control sobre el tatwa Vayú –el principio etérico del aire- y alcanzará también los siddhis – los poderes de los santos-".

Me viene a la memoria en estos momentos el caso de José de Cuppertino, dicen que se elevó por los aires setenta veces y este hecho mágico, que sucediera por allá en el 1650, fue el motivo por el cual fue canonizado. Es indudable que tenía desarrollado el centro del corazón. Cuando un Cardenal lo interrogó, le dijo: Bueno, ¿Por qué en el momento en que Ud. Se va a elevar estando en oración, lanza un clamor? Entonces él contestó: La pólvora, cuando se inflama en el arcabuz, estalla con gran ruido, lo mismo le sucede al corazón inflamado por el Divino Amor.

De manera que en forma práctica José de Cuppertino dio la clave de los estados Jinas. El corazón es el que hay que desarrollar para poder lograr los estados Jinas.

La extraordinaria Santa Cristina levitaba constantemente. Ya muerta –se creía que estaba muerta- la iban a enterrar y de pronto, de entre el ataúd, se levantó flotando hasta el campanario de la iglesia.

Podríamos seguir narrando innumerables casos... Por cierto, el de Francisco de Asís: el buen hermano que lo cuidaba le traía la comida y el monje estaba en levitación, en oración, flotando en la atmósfera. Otras veces no alcanzaba ya el buen hermano a darle los alimentos por que no lo alcanzaba, ya estaba demasiado alto Francisco de Asís, a tal grado que a veces se perdía en una arboleda que estaba por ahí cerca.

Todos estos místicos tenían desarrollado el centro del corazón. No teniendo desarrollado ese centro no se puede adquirir destreza en los estados Jinas.

Por lo común, el que ha desarrollado el intelecto sufre mucho para lograr los estados Jinas, porque sí desarrolla el intelecto pero a expensas de las fuerzas del corazón, succionando las fuerzas del cardias pierde los poderes del cardias. Mejor dicho: Cambia los poderes del cardias por el intelecto.

Mejor sería no ser intelectual pero si tener los poderes del cardias ¿Verdad? Pero no por eso deben preocuparse los instructores, el corazón puede desarrollarse nuevamente cultivando la emoción superior, la música avanzada de los grandes Maestros, la meditación. Haciéndose más místicos, más profundamente devotos, así se va desarrollando nuevamente el corazón, eso es muy interesante.

Además tenemos que llegar a saber, mis caros hermanos, a comprender, que el ser humano está dividido en dos conciencias, la verdadera y la falsa.

Cuando uno viene a este mundo trae en la esencia, depositados por la naturaleza todos los datos que uno necesita para la Autorrealización íntima del Ser, pero ¿Qué sucede?, Que lo meten a uno en escuelitas, le dan una falsa educación que para nada sirve y muchos consejos y preceptos. En fin, total que uno crea uno una *conciencia falsa*, y la *verdadera conciencia*, aquélla donde están depositados los datos que uno necesita para seguir la huella, para seguir el camino, para llegar a la Liberación del Ser, queda allá en el fondo y catalogada tristemente con el nombre de subconciencia, ¡habrase visto cosa más absurda!

Nosotros tenemos que sincerarnos a sí mismos, reconocer que esta *conciencia falsa* que nos han formado fue hecha con todas las teorías, con todo lo que aprendimos en la Primaria, Secundaria, Preparatoria, etc., y otras tantas cosas; con los ejemplos de nuestros mayores, con los prejuicios de la sociedad en donde vivimos, pues no es la *verdadera conciencia*.

Debemos eliminar lo que tenemos de falso, esta *conciencia falsa* que se basa en lo que nos han dicho, en los preconceptos de la escuela, en las lecciones de la prepa, etc. Eliminar completamente, erradicar definitivamente esa *conciencia falsa* para que solamente quede en nosotros la *verdadera conciencia*, la *Conciencia Superlativa del Ser*, eso es lo que cuenta.

Vean ustedes cómo estos psicoanalistas modernos, estos famosos psiquiatras, psicólogos, parapsicólogos, secuaces de los hipnólogos y demás, se esfuerzan cada vez más y más por ahogar a la *verdadera conciencia* del Ser, por suprimirla, por eliminarla. Quieren por todos sus medios vigorizar más, cada vez, esa *conciencia falsa* que poseemos.

Mesmer fue un hombre maravilloso, presintió que existía una doble conciencia en los seres humanos y se propuso estudiarla. Al darse cuenta de que había una *conciencia* falsa y que existía una legítima conciencia real, la cual estaba archivada en el fondo dijéramos, subestimada, empezó a hacer experimentos de magnetismo, muy contrarios a la hipnología por supuesto.

Pobre Mesmer, mucho lo ridiculizaron en su época y lo siguen todavía ridiculizando. Contra él se levantó la crítica y aún se le critica en la actualidad. Muchos textos de hipnotismo comienzan hablando contra Mesmer. Lo odian los hipnotizadores porque, precisamente, se pronunció contra esa *conciencia falsa*, descubrió que existía una doble conciencia; la falsa y la verdadera. Mesmer vino a desenmascarar a la *conciencia falsa* ante el veredicto solemne de la opinión pública y es claro que casi se lo tragaron, ésa es la cruda realidad de los hechos.

Bueno, para no desviarnos tanto del tema, lo que quiero decir es que el desarrollo interior sólo se logra procurando tirar a la basura a la *conciencia falsa* y poner atención a la *verdadera conciencia*, a la *auténtica conciencia*.

¿Qué se entiende por *conciencia falsa*? Aquélla que nos han formado desde que nacimos, ésa que se hizo con los ejemplos, con los preceptos de todos nuestros familiares, esa que nos formaron en la escuela, en la secundaria, etc., esa que se formó con todos los prejuicios sociales habidos y por haber.

Todo eso hay que tirarlo al fondo de la basura y poner a flote la *verdadera conciencia* para trabajar. Eso indica que hay que convertirse en un niño para trabajar, volverse un infante, un pequeñuelo en el momento de trabajar, desprovisto de teorías y poniendo en juego la verdadera Sabiduría.

Así pues, he hecho este capítulo con el propósito de que nos centremos, de que reconozcamos la situación en que estamos en este mundo, de que entendamos que no vamos por el camino de todas las escuelitas, sectas y órdenes que forman la *personalidad kalkiana*, que somos diferentes, eso es todo.

CONTUMACIA

Contumacia es la insistencia de señalar un error, y por eso, jamás me cansaré de insistir en que la causa de todos los errores es el *ego*, él *mí mismo*. No me importa que los animales intelectuales se molesten por que hablo en contra del *ego*, cueste lo que cueste seguiré con la contumacia.

Han pasado dos grandes guerras mundiales y el mundo se encuentra al borde de la Tercera Guerra mundial. El mundo se halla en crisis, por doquiera hay miseria, enfermedades e ignorancia.

Nada bueno nos han dejado las dos guerras mundiales. La primera guerra mundial nos dejó la terrible gripe que mató a millones de personas en el año 1918. la segunda guerra mundial nos dejó una peste mental peor que la peste de la primera. Nos referimos a la abominable "filosofía existencialista" que ha envenenado totalmente a las nuevas generaciones y contra la cual se promulga la Revolución de la Dialéctica.

Todos nosotros hemos creado este caos social en el que vivimos y entre todos debemos trabajar para disolverlo y hacer un mundo mejor mediante las enseñanzas que entrego en esta obra.

Desgraciadamente, la gente sólo piensa en su *yo* egoísta y dice: ¡Primero yo, segundo yo y tercero yo! Ya lo hemos dicho y lo volvemos a repetir: *El ego sabotea los órdenes que establece la Psicología Revolucionaria*.

Si queremos de verdad y muy sinceramente la Revolución de la Dialéctica, necesitamos primero la transformación radical del individuo.

Son muchas las personas que aceptan la necesidad de un cambio interior radical, total y definitivo, pero desgraciadamente, exigen estímulos e incentivos especiales.

A las personas les gusta que se les diga que van bien, que se les dé palmaditas en el hombro, que se les diga bonitas palabras estimulantes, etc.

Son muchas las personas que exigen algún verso muy bonito que se les sirva de aliciente, alguna creencia, alguna ideología o cualquier utopía para cambiar.

Hay quienes exigen la esperanza de un buen empleo como aliciente para cambiar. Hay quienes exigen algún buen noviazgo o un magnífico matrimonio que les sirva de aliciente para cambiar.

Nadie quiere cambiar así por que sí pero sí un buen incentivo para la acción. A la gente le encantan los *estímulos*. No quieren comprender las pobres gentes que los tales *estímulos* son muy huecos y superficiales y que, por lo tanto, es apenas lógico decir que no sirven.

Los *estímulos*, jamás en la vida, nunca en la historia de los siglos, han podido provocar dentro de algún individuo un cambio radical, total y definitivo.

Dentro de toda persona existe un centro energético que no puede ser destruido con la muerte del cuerpo físico y que se perpetúa, para desgracia del mundo, en nuestros descendientes. Ese centro es el *yo*, el mí mismo, el sí mismo. Necesitamos con suma urgencia inaplazable producir un cambio radical dentro de ese centro energético llamado *Yo*.

Las palmaditas en el hombro, las bonitas palabras, las

bellas lisonjas, los lindos *estímulos*, los nobles alicientes, etc., jamás podrán producir ningún cambio radical en ese centro energético llamado *yo* y que está dentro de nosotros mismos.

Si muy sinceramente y de todo corazón queremos un cambio radical dentro de ese centro llamado *yo,* tenemos que reconocer nuestro estado lamentable de miseria y pobreza interior y olvidarnos de nosotros mismos para trabajar desinteresadamente por la humanidad. Esto significa abnegación, completo olvido de uno mismo y completo abandono se sí mismo.

Es imposible que haya un cambio radical dentro de nosotros mismos si sólo pensamos en llenar nuestras bolsas de dinero y más dinero.

El *yo*, el mí mismo, quiere crecer, mejorar, evolucionar, relacionarse con los grandes de la Tierra, conseguir influencia, posición, fortuna, etc. Los cambios superficiales en nuestra persona no sirven para nada, no cambian nada y no transforman a nadie ni a nada.

Necesitamos, dentro de cada uno de nosotros un cambio profundo. Dicho cambio sólo puede realizarse en el centro que llevamos dentro, en el *yo*. Necesitamos quebrantar como a una taza de alfarero a dicho *centro egoísta*.

Es urgente extirpar el *yo* para producir dentro de cada uno de nosotros un cambio profundo, radical, total y verdadero. Así como estamos, así como somos, sólo podemos servir para amargarnos la vida y amargársela a nuestros semejantes.

El *yo* quiere llenarse de honores, virtudes, dinero, etc. El *yo* quiere placeres, fama, prestigio, etc., y en su loco afán por extenderse, crea una sociedad egoísta en la cual sólo hay disputas, crueldades, codicia insaciable, ambiciones sin limites ni orillas, guerras, etc.

Para desgracia nuestra, somos miembros de una sociedad creada por el *yo*. Dicha sociedad es inútil, dañina y perjudicial. Sólo extirpando radicalmente el *yo*, podemos cambiar integralmente y cambiar el mundo.

Si de verdad queremos la extirpación radical del *yo*, es urgente tener la memoria quieta para que la mente se serene, y luego auto-observarnos con calma para conocernos a sí mismos.

Debemos contemplarnos a sí mismos como quien está contemplando y aguantando sobre sí mismo un torrencial aguacero.

Nadie en la vida puede disolver al *yo* buscando sustitutos, dejando el licor y cambiándolo por el cigarrillo, abandonando a una mujer para casarse con otra, dejando un defecto para remplazarlo por otro o saliendo de una escuela para otra escuela.

Si de verdad queremos un cambio radical dentro de nosotros mismos, debemos dejar a un lado todas esas cosas que nos parecen positivas, todos esos hábitos viejos y todas esas costumbres equivocadas.

La mente es la sede central del yo. Necesitamos un cambio en la *sede central* para que dentro de cada uno de nosotros haya revolución verdadera.

Sólo con absoluta abnegación y comprensión de lo que desgraciadamente somos, y sin *estímulos* o incentivos de ninguna especie, podemos de verdad lograr la extirpación del *yo*.

LOS ESTADOS DEL EGO

Los estados del *ego* se encuentran clasificados de la siguiente forma:

ESTEREOPSIQUICOS: Son los estados *identificativos* que se encuentran íntimamente relacionados con las percepciones exteriores que se reciben a través de los cinco sentidos y que están vinculados con el mundo de las impresiones.

NEOPSÍQUICOS: Son los estados *procesadores* de datos, es decir, los que bien interpretan o mal interpretan todas las múltiples situaciones que vive el animal intelectual. En estos estados trabaja nuestra mala secretaria que es la personalidad.

ARQUEOPSÍQUICOS: son los estados *regresivos* –memoria del ego- que se encuentran a los 49 niveles del subconsciente. Son los recuerdos del pasado que están archivados en forma *fotográfica* y *fonográfica*.

BLUE TIME O TERAPÉUTICA DEL REPOSO

En el umbral misterioso del Templo de Delfos existía grabada en la piedra viva una máxima griega que decía NOSCE TE IPSUM, "Hombre, conócete a ti mismo y conocerás el Universo y a los Dioses".

El estudio de sí mismo, la serena reflexión, es obvio que en última instancia concluye en la quietud y el silencio de la mente.

Cuando la mente está quieta y en silencio, no sólo en el nivel superficial, intelectual, sino en todos y cada uno de los 49 departamentos subconscientes, adviene entonces lo nuevo, se desembotella la esencia, la conciencia, y viene el despertar del alma, el éxtasis y el samadhí.

La practica diaria de la meditación nos transforma radicalmente. Las gentes que no trabajan en la aniquilación del *yo* viven mariposeando de escuela en escuela y no encuentran su *centro permanente de gravedad*, mueren fracasadas sin haber logrado la Autorrealización íntima del Ser.

El despertar de la conciencia sólo es posible mediante la liberación y emancipación del dualismo mental, del batallar de las antítesis, del oleaje intelectual. Cualquier lucha subconsciente, infraconsciente o inconsciente, se convierte en una traba para la liberación de la esencia.

Toda batalla antitética, por insignificante e inconsciente que sea ella, acusa, en los infiernos atómicos del hombre, puntos obscuros desconocidos. Observar y conocer esos aspectos infrahumanos del sí mismo resulta indispensable para lograr la absoluta quietud y silencio de la mente. Sólo en ausencia del yo es posible experimentar y vivir la Revolución Integral y la Revolución de la Dialéctica.

El Blue Time o Terapéutica del Reposo tiene reglas básicas sin las cuales resultaría imposible emanciparnos de los grilletes mortificantes de la mente. Estas reglas son:

1. RELAJACIÓN: Es indispensable aprender a relajar el cuerpo para la meditación; ningún músculo debe quedar en tensión. Es urgente provocar y graduar el sueño a voluntad. Es evidente que de la sabia combinación de sueño y meditación resulta eso que se llama iluminación.

2. RETROSPECCIÓN: ¿Qué se busca a través de la retrospección? El animal intelectual, debido a la vida mecánica que vive diariamente, se olvida de sí mismo y cae en la fascinación; anda con la conciencia dormida sin recordar qué hizo en el instante de levantarse, desconociendo los primeros pensamientos del día, sus actuaciones y lugares donde ha estado.

La retrospección tiene como finalidad la toma de conciencia de todas las actuaciones o acciones del pasado. Al realizar la retrospección en la meditación, no pondremos objeciones a la mente; traeremos el recuerdo de las situaciones del pasado, desde el instante en el que se inicie la retrospección hasta el momento de la vida que nosotros deseemos. Cada recuerdo debemos estudiarlo sin identificarnos sin el.

3. REFLEXION SERENA: Primeramente, hay que hacernos plenamente conscientes del estado de ánimo en el que nos encontramos antes de que surja cualquier pensamiento. Observar serenamente nuestra mente, poner atención plena en forma mental que haga su aparición en la

pantalla del intelecto.

Es perentorio convertirnos en vigías de nuestra propia mente durante cualquier actividad agitada, y detenernos por un instante para observarla.

4. PSICOANÁLISIS: Indagar, inquirir, investigar la raíz y el origen de cada pensamiento, recuerdo, afecto, emoción, sentimiento, resentimiento, etc., conforme van surgiendo en la mente.

Durante el psicoanálisis se deberá examinar, aniquilar e inquirir sobre el origen, causa, razón o motivo fundamental de todo pensamiento, recuerdo, imagen y asociación, conforme van surgiendo desde el fondo del subconsciente.

5. **MANTRALIZACIÓN O KOAN**: Los objetivos de esta etapa son: a) Mezclar dentro de nuestro universo interior las fuerzas mágicas de los mantras o koanes. b) Despertar conciencia. c) Acumular íntimamente átomos crísticos de altísimo voltaje.

En este trabajo psicológico el intelecto debe asumir un estado receptivo, íntegro, *uni-total*, pleno, tranquilo y profundo. Con los koanes o frases que descontrolan a la mente se logra el estado receptivo *uni-total*.

6. ANÁLISIS SUPERLATIVO: Consiste en un conocimiento introspectivo de sí mismos. Introvertirnos es indispensable durante la meditación de fondo.

En este estado se trabajará en el proceso de la comprensión del *yo* o defecto que se quiere desintegrar. El estudiante gnóstico se concentrará en el agregado psicológico y lo mantendrá en la pantalla de la mente. Ante todo, es indispensable ser sincero consigo mismo.

El análisis superlativo consta de dos fases, que son:

a) *Auto-exploración*: Indagar en lo profundo de la conciencia y en los 49 niveles del subconsciente cuándo fue la primera vez en la vida que se manifestó el defecto, cuándo la última y en qué momentos es que tiene más fuerza para manifestarse.

b*) Auto descubrimiento:* Investigar cuáles son los alimentos del *yo*. Fraccionar y dividir al defecto en varias partes y estudiar cada una de éstas para lograr conocer de qué clase de yoes proviene y que clase de yoes derivan de él.

7. AUTO-JUICIO: Sentar al defecto en estudio en el banquillo de los acusados. Traer a juicio los daños que ocasiona a la conciencia y los beneficios que traería a nuestra vida la aniquilación del defecto que se está juzgando.

8. ORACIÓN: A la Divina Madre Kundalini, la Madre interior e individual, se le pedirá con mucho fervor. Se le hablará con franqueza e introvertiendo todos los defectos y fallas que tenemos para que Ella, que es la única capaz de desintegrar los yoes, los desintegre hasta su misma raíz.

Resulta agradable e interesante asistir, cada vez que se pueda, a las Salas de meditación –Lumisiales gnósticos-

Es imprescindible practicar la meditación siempre con los ojos cerrados a fin de evitar las percepciones sensoriales externas.

LOS CADAVERES DEL EGO

En los infiernos atómicos hay que desintegrar los cadáveres del ego a punta de fuerza eléctrica sexual. No hay que esperar que el tiempo los desintegre.

El Diamante precioso con que pulió Salomón las piedras preciosas, es la Piedra Filosofal.

Desintegrando los *cadáveres del ego*, debemos encausar todos nuestros esfuerzos a "no volver a crear cuerpos físicos porque son vulnerables y están expuestos a la vejez y a la muerte".

Indubitablemente, el Karma crea cuerpos.

Por falta de trabajo psicológico, la gente de esta época no es profunda y le gusta ser superficial. Se creen capaces de reírse de todas las civilizaciones.

Actualmente, la mente humana está degenerada por aquello del concepto. Todo concepto emitido es el resultado de lo que han dicho, de lo que se ha estudiado.

El *autoconcepto* se basa en la experiencia de la propia forma de pensar.

Gurdieff es incipiente en sus conocimientos.

Krishnamurti sí tiene sus autoconceptos porque jamás ha leído a nadie.

El desequilibrio y el rompimiento con la armonía del Cosmos devienen cuando la *autoautoridad* no se posee dentro.

¿Cómo se va a poseer autoautoridad si no se es dueño de sí mismo?

La *autoacción* sólo puede ser posible cuando se tiene al Ser adentro.

La Piedra Filosofal, el autoconcepto, la autoacción y la autoautoridad, sólo son posibles cuando se desintegran los *cadáveres del ego* en los infiernos atómicos psicológicos.

PSICOGENESIS

Nuestra civilización, en apariencia tan brillante por la conquista del espacio y la penetración en la materia, está carcomida por la *lepra* de una ética decadente de homosexualismo, lesbianismo y drogadicción.

Esta civilización ha entrado en la etapa de involución para liquidarse como ha ocurrido en otras civilizaciones. Nos lo muestra el testimonio histórico de la orgullosa e imperial Roma, donde los siglos de involución surgieron cuando a la grandeza de una nación austera y moral le sucedieron cambios radicales que le hundieron en el vicio habiendo sido una comunidad conquistadora del mundo antiguo.

¿En que me baso? ¡En hechos claros y contundentes! Una gran cultura como la inglesa ahora sólo exporta una *lepra psicológica* que contamina mentalmente a las generaciones de estas épocas. El grupo inglés Sex Pistols, quienes son capaces de hacer todo lo contrario a los establecido, pero negativamente, para aparecer como sobresalientes figuras, son creadores del Punk Rock y forjadores de canciones plagadas de malas palabras, temas que emplean para el ataque directo, no solamente contra las instituciones sino hasta contra el mismo público que los escucha con su conciencia dormida.

La mugre es la bandera del Sex Pistols, subjetivo mensaje que le entregan a esta pobre humanidad que está podrida hasta el tuétano.

Sex Pistols es un grupo agresivo, abusa en todo cuanto señala como la religión del Punk Rock. Canciones contra el amor plenas de cinismo, contra la represión y la agresión, creadas por cuatro jóvenes de la clase obrera inglesa que están en contra del elitismo. Resulta absurdo que estos animales intelectuales puedan crear una religión olvidándose que la palabra religión viene del griego: *religare*, que significa *unión con la Divinidad*. Pero, ¿Qué clase de divinidad tienen estas gentes degeneradas y que los jóvenes los adoran en su hipnosis como si fueran gran cosa?

Esa corriente musical mostrada por el Sex Pistols crea el ambiente más infernal de la actual existencia; afirmando esto por cientos de jóvenes metidos en la más profunda ignorancia espiritual y psicológica que participan en esas audiciones del One Hungred Club de Londres.

La onda Punk avanza pese a la oposición y en innumerables revistas internacionales ya aparece la subjetiva moda. Ropa hecha jirones, desechos de cuanto material existe los emplean de adorno, pelo corto y pintado de varios colores, camisas y playeras con leyendas en contra de todo. Esta es una muestra clara de los síntomas de la lepra psicológica que tiene la humanidad y que la tiene tan podrida.

En muchos de sus "encuentros", la agresividad física -ira- se pone de moda. Con enorme facilidad se lanzan improperios y hasta botellazos que salen del mismo escenario del Sex Pistols, lo que muchas veces termina en trifulca, y de ahí hasta la cárcel y hasta los hospitales. Con toda esta verborrea insultante y lanzamiento de proyectiles aparecen cientos de jovencitos ingleses gritando que aman a los Sex Pistols porque son lo máximo, como ya ocurrió en algunas audiciones del Paradise Club en la Brewer St.

Curiosamente, al conjunto Sex Pistols lo encabeza Jhonny Roten –Juanito Podrido-, el líder que jamás cantó antes; Sid Vicious –Sid Vicioso-, Paul Cook –Pablo Gallo- y

Steve Jones. En Inglaterra no respetan a nadie y difícilmente podrían venir a nuestro país.

Considero que la vida no se explicaría sin periódicas evoluciones e involuciones como ésta de la onda Punk, que se advierten en plantas, animales, seres humanos, en las estrellas y en las constelaciones.

Los ciclos históricos también tienen una evolución y luego la involución que fatalmente se presenta, la cual desgasta rocas, pulveriza soles, torna en anciano al que fue niño, convierte en carbón al que fue árbol y hunde en lo profundo de los océanos a los continentes, o los hace emerger.

Nuestros postulados presentados en esta obra buscan fundar las bases de una nueva civilización que no esté con lepra y se fundamente en la *Psicogénesis*, es decir, en la creación del hombre primeramente, para pasar luego al superhombre mediante la super-dinámica mental y sexual que hemos estado enfatizando en este libro.

A nuestras Instituciones Gnósticas que difunden mi enseñanza pueden entrar todos los que quieran, siempre y cuando tengan aspiraciones de superarse y de realizar dentro de sí mismos a la *Psicogénesis*, aquí y ahora.

El hombre que no ha hecho la *Psicogénesis* dentro de sí mismo sólo utiliza una parte infinitamente pequeña de sus capacidades y potencias, por eso es que invito a nuestros lectores a que practiquen las enseñanzas psicológicas que entrego en estos capítulos para que aprendan a obtener el máximo de rendimiento de su psiquis.

Dentro de cada ser humano existen infinitas posibilidades

para un conocimiento también ilimitado. Todos poseemos en estado embrionario grandes facultades psicológicas que surgirán en el momento mismo que iniciemos el trabajo de hacer una *Psicogénesis* en nosotros mismos sin esperar un instante más. El ser humano debe capacitarse para conocer todo lo que atañe a su existencia, éste es un hecho tan natural como el libre albedrío.

¿Por qué estamos aquí? ¿De dónde hemos venido? ¿Hacia donde vamos? Todo esto debe conocerse aquí y quedar libres de dogmatismos y teorías.

Por medio de las disciplinas psicológicas que he venido indicando podremos mejorar psíquicamente, es decir, hacer *Psicogénesis* en nosotros para ponernos en contacto con las distintas dimensiones de la naturaleza.

Al ir trabajando en nuestra *Psicogénesis* iremos viendo nuestra superación individual, teniendo así acceso a los profundos conocimientos esotéricos que a través de los incontables siglos han estado allí, a disposición de todo ser humano que anhele sinceramente encontrar respuesta a una cantidad de vacíos e interrogantes, y que sin saberlo, atienden la inmortal sugerencia del Gran Maestro: Buscad y hallareis...

En síntesis, diremos que la *Psicogénesis* se fundamenta en la frase inscrita en el antiguo Templo de Delfos:

"Te advierto, quien quiera que fueses, oh! tú que deseas sondear los arcanos de la naturaleza, que si no hallas dentro de ti mismo aquello que buscas, tampoco podrás hallarlo fuera. Si tu ignoras las excelencias de tu propia casa, ¿cómo pretendes encontrar otras excelencias? En ti se halla oculto el tesoro de los tesoros. Oh! hombre, conócete a ti mismo y conocerás al Universo y a los Dioses".

LA TRANSFORMACION DE LAS IMPRESIONES

Vamos a hablar de la transformación de la vida y esto es posible si uno se lo propone profundamente.

Transformación, significa que una cosa cambia en otra cosa diferente. Es lógico que todo es susceptible a cambios.

Existen transformaciones muy conocidas en la materia. Nadie podría negar, por ejemplo, que el azúcar se transforme en alcohol y que este se convierte en vinagre por la acción de los fermentos. Esta es la transformación de una sustancia molecular. Uno sabe de la vida química de los elementos, por ejemplo, el radio se transforma lentamente en plomo.

Los alquimistas de la Edad Media hablaban de la transmutación del plomo en oro. Sin embargo, no siempre hacían alusión a la cuestión metálica meramente física. Normalmente querían indicar con tal palabra, la transmutación del plomo de la personalidad en el oro del espíritu. Así pues, conviene que reflexionemos en todas estas cosas.

En los evangelios, la idea del hombre terrenal, comparable éste con una semilla capaz de crecimiento, tiene la misma significación que la idea del renacimiento del hombre que nace otra vez. Es obvio que si el grano no muere la planta no nace. En toda transformación existe muerte y nacimiento.

En la Gnosis consideramos al hombre como una fábrica de tres pisos que absorbe normalmente tres alimentos.

El alimento común que se corresponde con el piso inferior de la fábrica, a la cuestión ésta del estómago. El aire, que naturalmente está en relación con el segundo piso, con los pulmones. Y las impresiones, que indubitablemente están asociadas con el tercer piso o cerebro.

El alimento que comemos sufre sucesivas transformaciones, esto es incuestionable. El proceso de la vida, en sí misma y por sí misma, es la transformación. Cada criatura del universo vive mediante la transformación de una sustancia en otra. El vegetal, por ejemplo, transforma el agua, el aire y las sales de la tierra en nuevas substancias vegetales vitales, en elementos útiles para nosotros, como son las nueces, las frutas, las papas, el limón, etc. Así pues, todo es transformación.

Por la acción de la luz solar varían los fermentos de la naturaleza. Es incuestionable que la sensible película de la vida, que normalmente se extiende sobre la faz de la tierra, conduce a toda la fuerza universal hacia el interior mismo del mundo planetario. Pero cada planeta, cada insecto, cada criatura y el mismo animal intelectual equivocadamente llamado hombre, absorbe, asimila determinadas fuerzas cósmicas y luego las transforma como también las transmite inconscientemente a las capas inferiores del organismo planetario. Tales fuerzas transformadas se hallan íntimamente relacionadas con toda la economía del organismo planetario en que vivimos. Indubitablemente, cada criatura, según su especie, transforma determinadas fuerzas que luego transmite al interior de la tierra para la economía del mundo. Así pues, cada criatura que tenga existencia cumple las mismas funciones.

Cuando comemos un alimento necesario para nuestra existencia, este es transformado, claro esta en etapa tras etapa, en todos esos elementos tan indispensables para nuestra misma existencia. ¿Quién realiza dentro de nosotros esos procesos de transformación de las sustancias?. El centro instintivo, es obvio. La sabiduría de este centro es realmente asombrosa.

La digestión, en sí misma, es transformación. El alimento en el estomago, es decir, en la parte inferior de esta fábrica de tres pisos del organismo humano, sufre transformación. Si algo entrara sin pasar por el estomago, el organismo no podría asimilar sus principios vitamínicos ni sus proteínas, esos sería sencillamente una indigestión. A medida que vamos reflexionando sobre este tema, llegamos a comprender la necesidad de pasar por una transformación.

Claro está que los alimentos físicos se transforman, pero hay algo que nos invita a la reflexión: ¿Existe en nosotros la transformación educada de las impresiones?.

Para el propósito de la naturaleza propiamente dicha no hay necesidad alguna de que el animal intelectual, equivocadamente llamado hombre, transforme realmente las impresiones. Pero un hombre puede transformar sus impresiones por sí mismo, poseyendo, naturalmente un conocimiento, dijéramos, de fondo, y hay que comprender el por qué de esa necesidad.

Resultaría magnífico transformar las impresiones. La mayoría de las gentes, como se ven en el terreno de la vida práctica, creen que este mundo físico les va a dar lo que anhelan y buscan. Realmente ésta es una tremenda equivocación. La vida en sí misma entra en nosotros, a nuestro organismo, en forma de meras impresiones. Lo primero que debemos comprender es el significado del trabajo esotérico relacionado íntimamente con el mundo de las impresiones.

¿Qué necesitamos transformarlas? ¡Es verdad!. Uno

no podría realmente transformar su vida si no transforma las impresiones que le llegan a la mente.

Las personas que lean estas líneas deben reflexionar en lo que aquí se está diciendo. Estamos hablando de algo muy revolucionario, pues todo el mundo cree que lo físico es lo real, pero si nos vamos un poco más a fondo, vemos que lo que realmente estamos recibiendo a cada instante, en cada momento son meras impresiones.

Si vemos una persona que nos agrada o desagrada, lo primero que obtenemos son impresiones de esa naturaleza, ¿Verdad?. Esto no lo podemos negar. La vida es una sucesión de impresiones, no como creen los ignorantes ilustrados, que es una cosa física de tipo exclusivamente materialista.

¡La realidad de la vida son sus impresiones!.

Claro está que la ideas que estamos emitiendo resultan no muy fáciles de captar, de aprehender. Es posible que los lectores tengan la certeza de que la vida existe como tal más no como sus impresiones. Están tan sugestionados por este mundo físico que, obviamente así piensan. La persona que vemos sentada, por ejemplo, en una silla, allá con tal o cual traje de color; aquél que nos saluda, aquél que nos sonríe, etc., son para nosotros realmente verdad.

Pero si meditamos profundamente en todos ellos, llegamos a la conclusión de que lo real son las impresiones. Estas llegan, naturalmente, a la mente a través de la ventana de los sentidos.

Si no tuviéramos los sentidos, por ejemplo, ojos para ver, ni oídos para oír, ni boca para gustar los alimentos que ingiere nuestro organismo, ¿Existiría para nosotros eso que se llama mundo físico?. Claro que no, absolutamente no.

La vida nos llega en forma de impresiones y es allí, precisamente, donde existe la posibilidad de trabajar sobre nosotros mismos. Ante todo, ¿Qué debemos hacer?. Hay que comprender el trabajo que debemos hacer. ¿Cómo podríamos lograr una transformación psicológica de sí mismos?. Pues efectuando un trabajo sobre las impresiones que estamos recibiendo a cada instante, a cada momento. Este primer trabajo recibe el nombre de *Primer Choque Consiente*. Este se relaciona con estas impresiones que son todo cuanto conocemos del mundo exterior. ¿Qué tamaño tienen las verdaderas cosas, las verdaderas personas?.

Necesitamos transformarnos internamente cada día. Al querer transformar nuestro aspecto psicológico necesitamos trabajar sobre las impresiones que entran a nosotros.

¿Por qué llamamos al trabajo sobre la transformación de las impresiones, el *Primer Choque Consciente*?. Porque el "choque" es algo que no podríamos observar en forma meramente mecánica. Esto jamás podría hacerse de manera mecánica, se necesita un esfuerzo auto-consciente. Es claro que cuando se comience a comprender este trabajo, se comenzará a dejar de ser el hombre mecánico que sirve a los fines de la naturaleza.

Si se piensa ahora en todo el significado de todo cuanto se les enseña aquí, por vías del esfuerzo propio, empezando por la observación de sí mismos, verán que en el lado práctico del trabajo esotérico todo se relaciona íntimamente con la transformación de las impresiones y lo que resulta naturalmente de las mismas.

El trabajo, por ejemplo, en las emociones negativas, sobre los estados de ánimo enojosos, sobre la identificación, sobre la auto-consideración, sobre los yoes sucesivos, sobre la mentira, sobre la auto-justificación, sobre la disculpa, sobre los estados inconscientes en los que nos encontramos, se relaciona en todo con la transformación de las impresiones y lo que resulta de todo ello. Convendrá que, en cierto modo, el trabajo sobre sí mismos se compare a la disección, en el sentido de lo que es una transformación. *Es necesario formar un elemento de cambio en el lugar de entrada de las impresiones*, no lo olviden.

Mediante la comprensión del trabajo, ustedes pueden aceptar la vida como un trabajo, realmente entonces entrarán en un estado constante de recuerdo de sí mismos, llegará a ustedes naturalmente el terrible realismo de la transformación de las impresiones. Las mismas impresiones, normalmente, o supra-normalmente dijéramos mejor los llevaría a una vida mejor en lo que a ustedes naturalmente respecta y ya no obrarían más sobre todos ustedes como lo hacían en el comienzo de su propia transformación.

Pero mientras ustedes sigan pensando de la misma manera, tomando la vida de la misma manera, es claro que no habrá ningún cambio en ustedes. Transformar las impresiones de la vida es transformarse uno mismo. Esta forma enteramente nueva de pensar nos ayuda a efectuar tal transformación. Todo este discurso está basado exclusivamente sobre la forma radical de transformarnos. Si uno no se transforma nada logra.

Comprenderán ustedes, naturalmente que la vida nos exige continuamente reaccionar. Todas esas reacciones forman nuestra vida personal. Cambiar la vida de uno es cambiar realmente nuestras propias reacciones. La vida exterior nos llega como meras impresiones que nos obligan incesantemente a reaccionar en una forma, dijéramos, estereotipada. *Si las reacciones que forman nuestra vida personal son todas de tipo negativo, entonces también nuestra vida será negativa.*

La vida consiste en una serie sucesiva de reacciones negativas que se dan como respuestas incesantes a las impresiones que llegan a la mente. Luego, nuestra tarea consiste en transformar las impresiones de la vida de modo que no provoquen este tipo de respuesta negativa. Pero para lograrlo es necesario estar auto-observándose de instante en instante, de momento en momento. Es urgente, pues, estar estudiando nuestras propias impresiones.

No se puede dejar que las impresiones lleguen de un modo subjetivo y mecánico. Si comenzamos con dicho control, esto equivale a empezar la vida, a empezar a vivir más conscientemente. Un individuo puede darse el lujo de que las impresiones no lleguen mecánicamente, al actuar así, transforma las impresiones y entonces empieza a vivir conscientemente.

El *Primer Choque Consciente* consiste en transformar las impresiones que nos llegan. Si se consigue transformar las impresiones que llegan a la mente en el momento de su entrada, se consiguen magníficos resultados que benefician a nuestra existencia.

Siempre se puede trabajar en el resultado de las impresiones. Claro está que caducan sin efecto mecánico ya que esta mecanicidad suele ser desastrosa en el interior de nuestra psiquis.

Este trabajo esotérico gnóstico debe ser llevado hasta

el punto donde entran las impresiones, porque son distribuidas mecánicamente en lugares equivocados por la personalidad para evocar antiguas reacciones.

Voy a tratar de simplificar esto. Pongamos como ejemplo lo siguiente: Si arrojamos una piedra a un lago cristalino, en el lago se producen impresiones y la respuesta a esas impresiones dadas por la piedra se manifiesta en ondas que van desde el centro a la periferia.

Ahora, imagínese a la mente como un lago. De pronto, aparece la imagen de una persona, esa imagen es como la piedra de nuestro ejemplo que llega a la mente. Entonces, la mente reacciona en forma de impresiones. Las impresiones son las que producen la imagen que llega a la mente y las reacciones son las respuestas a tales impresiones.

Si se tira una pelota contra un muro, el muro recibe las impresiones, luego viene la reacción que consiste en el regreso de la pelota a quien la mandó. Bueno, puede ser que no llegue directamente pero de todas maneras rebota la pelota y eso es reacción.

El mundo está formado por impresiones por ejemplo: Nos llega la imagen a la mente a través de los sentidos. No podemos decir que ha llegado la mesa o que la mesa se ha metido en nuestro cerebro, eso es absurdo, pero sí está metida la imagen de la mesa, entonces nuestra mente reacciona inmediatamente diciendo: Esta es una mesa de madera o de metal, etc.

Hay impresiones que no son muy agradables, por ejemplo: Las palabras de un insultador ¿No? ¿Podríamos transformar las palabras de un insultador?

Las palabras son como son, entonces, ¿Qué podríamos hacer?. Transformar las impresiones que tales palabras nos producen y eso es posible. La Enseñanza Gnóstica nos enseña a cristalizar la Segunda Fuerza, el Cristo en nosotros, mediante el postulado que dice: *"Hay que recibir con agrado las manifestaciones desagradables de nuestros semejantes"*.

En el postulado anterior se encuentra el modo de transformar las impresiones que producen en nosotros las palabras de un insultador. *Recibir con agrado las manifestaciones desagradables de nuestros semejantes.* Este postulado nos llevará naturalmente hasta la cristalización de la Segunda Fuerza, el Cristo en nosotros; hará que el Cristo venga a tomar forma en nosotros.

Si del mundo físico no conocemos sino las impresiones, entonces, propiamente, el mundo físico no es tan externo como creen las gentes. Con justa razón dijo Emmanuel Kant: "Lo exterior es lo interior". Si lo interior es lo que cuenta, debemos pues transformar lo interior. Las impresiones son interiores, por lo tanto, todos los objetos y cosas, todo lo que vemos, existe en nuestro interior en forma de impresiones.

Si nosotros no transformamos las impresiones nada cambiará en nosotros. La lujuria, codicia, orgullo, odio, etc., existen en forma de impresiones dentro de nuestra psiquis que vibra incesantemente.

El resultado mecánico de tales impresiones han sido todos esos elementos inhumanos que llevamos dentro y que normalmente los hemos llamado *yoes*, que en su conjunto, constituyen el *mí mismo*, el *sí mismo*.

Supongamos, por ejemplo, que un individuo ve a una mujer provocativa y que no transforma esas impresiones, el resultado será que las mismas de tipo lujurioso, producen en él el deseo de poseerla. Tal deseo viene a ser el resultado de la impresión recibida y se cristaliza, toma forma en nuestra psiquis y se convierte en un agregado más, es decir, en un elemento inhumano, un nuevo tipo de yo lujurioso que viene a agregarse a la suma de elementos inhumanos que en su totalidad constituyen el *ego*.

En nosotros existe ira, codicia, lujuria, envidia, orgullo, pereza y gula. Ira, ¿Por qué? Porque muchas impresiones llegaron a nosotros, a nuestro interior, y nunca las transformamos. El resultado mecánico de tales impresiones de ira forman los yoes que existen y que vibran en nuestra psíquis y que constantemente nos hacen sentir coraje.

Codicia, ¿Por qué?. Indubitablemente muchas cosas despertaron en nosotros codicia: el dinero, las joyas, las cosas materiales de toda clase, etc. Esas cosas, esos objetos, llegaron a nosotros en forma de impresiones. Nosotros cometimos el error de no haber transformado esas impresiones en otras cosas diferentes, en una atracción por la belleza, en alegría, etc. Tales impresiones no transformadas, naturalmente se convirtieron en *yoes* de codicia que ahora cargamos en nuestro interior.

Lujuria, ¿Por qué? Ya dije que distintas formas de lujuria llegaron a nosotros en forma de impresiones, es decir, surgieron en el interior de nuestra mente imágenes de tipo erótico cuya reacción fue la lujuria. Como quiera que nosotros no transformamos esas ondas lujuriosas, ese erotismo malsano, naturalmente que el resultado no se hizo esperar, nacieron nuevos yoes morbosos en nuestra psiquis.

Así pues, hoy mismo nos toca trabajar sobre las impresiones que tengamos en nuestro interior y sobre sus resultados mecánicos. Dentro tenemos impresiones de ira, codicia, gula, orgullo, pereza y lujuria. También tenemos dentro los resultados mecánicos de tales impresiones, manojo de *yoes* pendencieros y gritones que ahora necesitamos comprender y eliminar.

Tal trabajo de nuestra vida consiste en saber transformar las impresiones, y también, en saber eliminar los resultados mecánicos de impresiones no transformadas en el pasado.

El mundo exterior propiamente no existe. Lo que existen son impresiones y las impresiones son interiores, y las reacciones de tales impresiones son completamente interiores.

Nadie podría decir que está viendo un árbol en sí mismo. Estará viendo la imagen del árbol pero no el árbol. La cosa en él, como decía Emmanuel Kant, nadie la ve, se ve la imagen de las cosas, es decir, surge en nosotros la impresión sobre un árbol, sobre una cosa, y éstas son internas, son de la mente.

Si uno no hace modificaciones propias, internas, el resultado no se deja esperar: se produce el nacimiento de nuevos yoes que vienen a esclavizar aún más a nuestra esencia, a nuestra conciencia, que vienen a intensificar más el sueño en que vivimos.

Cuando se comprende realmente todo lo que existe dentro de uno mismo con relación al mundo físico, que no son más que impresiones, comprende también la necesidad de transformar esas impresiones, y al hacerlo, se produce la transformación de uno mismo.

No hay cosa que duela más que la calumnia o las palabras de un insultador. Si uno es capaz de transformar las impresiones que nos producen tales palabras, pues ésas quedan entonces sin valor alguno, es decir, quedan como un cheque sin fondos. Ciertamente, las palabras de un insultador no tienen más valor que el que les da el insultado. Así que si el insultado no les da valor, repito, quedan como un cheque sin fondos. Cuando uno comprende esto, transforma entonces las impresiones de tales palabras, por ejemplo, en algo distinto, en amor, en compasión por el insultador y esto, naturalmente, significa transformación. Así pues, necesitamos estar transformando incesantemente las impresiones, no sólo las presentes sino las pasadas y las futuras.

Dentro de nosotros existen muchas impresiones que cometimos el error en el pasado de no haberlas transformado, y muchos resultados mecánicos de las mismas que son los tales yoes que ahora hay que desintegrar, aniquilar, a fin de que la conciencia quede libre y despierta.

Es indispensable reflexionar sobre lo que estoy diciendo. Las cosas, las personas, no son más que impresiones dentro de nosotros, dentro de nuestras mentes. Si transformamos esas impresiones, transformamos radicalmente nuestra vida.

Cuando en uno hay, por ejemplo, orgullo, éste tiene por basamento a la ignorancia. Sentirse, por ejemplo, una persona orgullosa de su posición social, de su dinero. Pero si esa persona, por ejemplo, piensa que su posición social es una cuestión meramente mental, que son una serie de impresiones que han llegado a su mente, impresiones sobre su estado social; cuando piensa que tal estado no es más que una cuestión mental o cuando analiza la cuestión de su valor, viene a darse cuenta que su posición existe en su mente en forma de impresiones. Esa impresión que produce el dinero y la posición social, no es más que las impresiones externas de la mente. Con el solo hecho de comprender que son sólo impresiones de la mente, hay transformación sobre las mismas. Entonces, el orgullo, por sí mismo, decae, se desploma y nace en forma natural en nosotros la humildad.

Continuando el estudio de los procesos de la transformación de las impresiones, proseguiré con algo más. Por ejemplo, una imagen de una mujer lujuriosa llega a la mente o surge en la mente, tal imagen es una impresión, eso es obvio. Nosotros podríamos transformar esa impresión lujuriosa mediante la *comprensión*. Bastaría con que pensáramos en ese instante que esa mujer ha de morir y que su cuerpo se volverá polvo en el panteón, y si con la imaginación viésemos su cuerpo en desintegración dentro de la sepultura, sería esto más que suficiente como para transformar esa impresión lujuriosa en castidad. Si no se transforma, se sumará a los otros *yoes* de la lujuria.

Conviene que mediante la comprensión transformemos las impresiones que surgen en la mente. Resulta altamente lógico que el mundo exterior no es tan exterior como normalmente se cree. Es interior todo lo que nos llega del mundo porque no son más que impresiones internas.

Nadie podría meter un árbol dentro de su mente, una silla, una casa, un palacio, una piedra. Todo llega a nuestra mente en forma de impresiones, eso es todo; impresiones de un mundo que llamamos exterior y que realmente no es exterior como se cree. Resulta impostergable que nosotros transformemos las impresiones mediante la *comprensión*. Si alguien nos saluda, nos alaba, ¿Cómo podríamos transformar la vanidad que tal o cual adulador podría provocar en nosotros? Obviamente, las alabanzas, las adulaciones, no son más que impresiones que nos llegan a la mente y ésta reacciona en forma de vanidad; pero si se transforman esas impresiones, la vanidad se hace imposible. ¿Cómo se transformarían las palabras de un adulador? Mediante la *comprensión*. Cuando uno realmente comprende que no es más que una infinitesimal criatura en un rincón del Universo, de hecho transforma por sí mismo esas impresiones de alabanza, de lisonja, en algo distinto; convierte a tales impresiones en lo que son: polvo, polvareda cósmica, porque comprende uno su propia posición.

Sabemos que la Galaxia en que vivimos está compuesta por millones de mundos. ¿Qué es la Tierra? Es una partícula de polvo en el infinito. Y si nosotros dijéramos que somos unos organismos microorgánicos de esa partícula, ¿entonces qué? Si nosotros comprendiéramos esto cuando nos adulan, haríamos una transformación de las impresiones que se relacionan con la lisonja y la adulación o alabanza y no reaccionaríamos como resultado en forma de orgullo.

Tanto más reflexionemos en esto, veremos más y más la necesidad de una transformación completa de las impresiones.

Todo lo que vemos externo es interior. Si no trabajamos con el interior vamos por el camino del error porque no modificaremos nuestros hábitos. Si queremos ser distintos, necesitamos transformarnos íntegramente, y debemos empezar por transformar las impresiones. Transformando las impresiones animales y bestiales en elementos de devoción, entonces surge en nosotros la transformación sexual, la *transmutación*.

Incuestionablemente, este aspecto de las impresiones merece ser analizado en forma clara y precisa. La personalidad, que hemos recibido o adquirido, recibe las impresiones de la vida pero no las transforma porque prácticamente es algo muerto.

Si las impresiones cayeran directamente sobre la Esencia, es obvio que serían transformadas porque, de hecho, ella las depositaría exactamente en los centros correspondientes de la máquina humana.

Personalidad es el término que se aplica a todo cuanto adquirimos. Es claro que traduce impresiones de todos los lados de la vida de un modo limitado y prácticamente estereotipado con arreglo a su calidad y asociación.

A este respecto, en el trabajo esotérico gnóstico, se compara a veces a la personalidad como una pésima secretaria que está en la oficina del frente, que se ocupa de todas las ideas, conceptos, preconceptos, opiniones y prejuicios. Tiene muchísimos diccionarios, enciclopedias de todo género, libros de referencia, etc., y está incomunicada con los centros, es decir, el mental, el emocional y los centros físicos –intelectual, motor, emocional, instintivo y sexual-, con arreglos a sus inusitadas ideas. Como consecuencia o corolario, resulta de ello que se pone en comunicación casi siempre con centros equivocados. Esto significa que las impresiones que llegan son enviadas a centros equivocados, es decir, a lugares que no le corresponden, produciendo, naturalmente, resultados equivocados.

Pondré un ejemplo para que se me entienda mejor. Supongamos que una mujer atiende con mucha consideración y respeto a un caballero; claro es que las impresiones que el caballero está recibiendo en su mente son recibidas por la personalidad y ésta las manda a centros equivocados. Normalmente las manda al centro sexual y este caballero llega a creer firmemente que la dama está enamorada de él, y como es lógico, no tarda mucho tiempo en que él se apresure a hacerle insinuaciones de tipo amoroso. Indubitablemente, si aquella dama jamás ha tenido esa clase de preocupaciones por el caballero, no deja de sentirse, con mucha razón, sorprendida. Ese es el resultado de una pésima transformación de las impresiones. Vemos aquí cuan mala secretaria es la personalidad. Indiscutiblemente, la vida de un hombre depende de esta secretaria que busca la *transformación* en sus libros de referencia sin comprender en absoluto lo que significa en realidad el suceso y transmite, en consecuencia, sin preocupaciones por lo que pueda ocurrir, pero sintiendo únicamente que está cumpliendo con su deber.

Esta es nuestra situación interior. Lo que importa comprender en esta alegoría es que la personalidad humana que nosotros adquirimos y que debemos adquirir empieza a hacerse cargo de nuestra vida.

Incuestionablemente, es inútil imaginar que esto sucede solamente a ciertas y determinadas personas, les sucede a todos quien quiera que sea.

Se halla en la observación de que sí existen numerosas reacciones características producidas por las impresiones que nos llegan. Estas reacciones mecánicas, desgraciadamente, nos gobiernan. Es claro que cada quien en la vida está gobernado por la vida misma, no importa que se llame liberal o conservador, revolucionario o bolchevique, bueno o malo en el sentido de la palabra.

Es obvio que estas reacciones ante los impactos del

mundo exterior constituyen nuestra propia vida. La humanidad, en este sentido, podemos decir en forma enfática que es completamente mecanicista.

Cualquier hombre, en la vida, se ha formado una enorme cantidad de reacciones que vienen a ser las experiencias prácticas de su existencia. Es claro que toda acción produce su reacción, acciones de cierto tipo, y a tales reacciones se les llama experiencias.

Lo importante sería, por ejemplo, a fin de conocer mejor nuestras acciones y reacciones, poder relajar la mente. Esto del "relajamiento mental" es magnífico. Recostarse uno en su lecho o en un cómodo sillón, relajar todos los músculos pacientemente y luego vaciar la mente de toda clase de pensamientos, deseos, emociones, recuerdos. Cuando la mente está quieta, cuando la mente está en silencio, podemos conocernos mejor a sí mismos. En tales momentos de quietud y silencio mental, es cuando realmente venimos a vivenciar en forma directa el crudo realismo de todas las acciones de la vida práctica.

Cuando la mente se encuentra en absoluto reposo, vemos a multitud de elementos y sub-elementos, acciones y reacciones, deseos, pasiones, etc., como algo ajeno a nosotros pero que aguarda el instante preciso para poder realizar su control sobre nosotros mismos, sobre nuestra personalidad. He ahí el motivo por el cual vale el silencio y la quietud de la mente. Obviamente, la relajación del entendimiento es benéfica en el sentido más completo de la palabra pues nos conduce al autoconocimiento individual.

Así es que toda la vida, es decir, la vida exterior, lo que vemos y vivimos, es para cada persona su reacción a las impresiones que llegan del mundo físico.

Es un gran error pensar que lo que es llamado vida sea una cosa fija, sólida, la misma para cualquier persona. Ciertamente, no hay una sola persona que tenga las mismas impresiones que con respecto a la vida existen en el género humano, porque son infinitas.

La vida, ciertamente, son nuestras impresiones en ella y es claro que nosotros podemos, si nos proponemos, transformar tales impresiones. Pero como se dijo, esta es una idea muy difícil de entender o comprender debido a que es muy poderoso el hipnotismo de los sentidos.

Aunque parezca increíble, todos los seres humanos se hallan en estado de "hipnotismo colectivo", Tal hipnosis es producida por el estado residual del abominable órgano Kundartiguador; cuando se eliminó éste, quedaron los diversos agregados psíquicos o elementos inhumanos que en su conjunto constituyen el *mí mismo,* el *sí mismo.* Estos elementos y sub-elementos, a su vez, condicionan a la conciencia y la mantienen en estado de hipnosis. Así pues, existe la hipnosis de tipo colectivo. ¡Todo el mundo está hipnotizado!

La mente está enfrascada en el mundo de los cinco sentidos y no acierta a comprender cómo podría independizarse de ellos, cree firmemente que es un Dios. Nuestra vida interior, la verdadera vida de pensamiento y sentimiento, sigue siendo confusa para nuestras concepciones meramente razonativas e intelectivas. No obstante, al mismo tiempo sabemos muy bien que el lugar donde realmente vivimos es nuestro mundo de pensamiento y sentimiento, esto es algo que nadie puede negar.

La vida son nuestras impresiones y éstas pueden ser transformadas. Necesitamos aprender a transformar nuestras impresiones, empero, no es posible transformar cosa alguna en nosotros si seguimos apegados al mundo de los cinco sentidos.

Como he dicho en mi Tratado de Psicología Revolucionaria, la experiencia enseña a uno que el trabajo esotérico gnóstico, si es negativo, se debe a la culpa propia.

Desde el punto de vista sensorial es que ésta o aquella persona del mundo exterior a quien uno ve y oye por medio de los ojos y los oídos, tiene la culpa; esta persona a su vez dirá que nosotros somos los culpables, pero realmente la culpa está en las impresiones que nosotros tengamos sobre las personas. Muchas veces pensamos que una persona es perversa cuando en el fondo es una mansa oveja.

Conviene mucho aprender a transformar todas las impresiones que tengamos sobre la vida. *"Hay que aprender a recibir con agrado las manifestaciones desagradables de nuestros semejantes"*.

EL ESTOMAGO MENTAL

Como lo estudiamos en el anterior capítulo, sabemos que existen tres clases de alimentos; los relacionados con la respiración, con los alimentos propiamente dichos y con las impresiones.

La digestión de los alimentos trae como resultado la asimilación de principios vitales para la sangre. El resultado de la respiración es la asimilación del oxigeno tan valioso para la vida humana. La asimilación o digestión de las impresiones, trae como resultado la absorción de energía más fina que las otras dos.

Los cinco sentidos corresponden a las impresiones. Existen dos tipos de impresiones: agradables y desagradables.

El ser humano necesita saber vivir, pero para ello, se tiene que aprender a *digerir* y *transformar* las impresiones y esto es vital para la *comprensión*.

Tenemos que transformar las impresiones si de verdad se quiere saber vivir. Todas las impresiones que llegan a la mente tienen Hidrógeno 48. Lastimosamente, el ser humano vive mecánicamente. El hombre puede transformar el Hidrógeno 48 en 24 para fortalecer los chakras, el 24 en 12 para fortalecer la mente y el 12 por 6 para fortalecer la voluntad.

En la actualidad se necesita transformar la mente, pasar a un nuevo nivel mental o sino, las impresiones seguirán llegando a los lugares equivocados de siempre. La gente cree poder ver las cosas desde diferentes ángulos y que es soberana, pero, no se dan cuenta que la mente humana está limitada por los preconceptos y prejuicios.

En estos tiempos modernos hay que transformar el aparato mental, hay que ser diferentes y distintos. Se hace urgente y necesario la fabricación de un aparato intelectual superior, adecuado para transformar y digerir las impresiones.

Así como el aparato digestivo tiene un estómago para que puedan ser asimilados los alimentos, y así como el sistema respiratorio tiene pulmones para asimilar el oxígeno, el hombre-máquina deberá crear un *estómago mental* -no se vaya confundir o a interpretar como uno físico.

Antes de digerir las impresiones hay que transformarlas. La Enseñanza gnóstica permite y facilita la creación de dicho estómago, para hacer del animal intelectual algo distinto.

La necesidad de transformación no puede nacer sin haber comprendido tal necesidad, esta comprensión brota al tener el Conocimiento gnóstico.

Cuando se piensa distinto y positivamente de las personas, es señal de que se está cambiando. *Hay que dejar de ser lo que somos para ser lo que no somos.* Uno tiene que perderse para sí mismo. El resultado de todo esto es la aparición de alguien que no es uno.

En el camino de la transformación de las impresiones hay que ser sincero consigo mismo y no hay que persuadirse. En un principio, aparece en uno la *justificación,* pero hay que estudiar que tal *justificación* puede ser fruto del amor propio.

Hay que descubrir las causas y los motivos de las actuaciones tenidas ante las impresiones. Cuando se transforman las impresiones todo se vuelve nuevo.

Sólo los Maestros de la Fraternidad Oculta pueden transformar inmediatamente las impresiones, mientras que las máquinas humanas no las transforman.

El hombre consciente puede modificar las situaciones dadas por las impresiones pasadas, presentes y futuras. Si las personas no son capaces de transformar las circunstancias, seguirán siendo juguete de ellas y de los demás.

La vida tiene un objeto y es el de un mundo superior; las Enseñanzas gnósticas enseñan vivir un mundo superior, a vivir en una humanidad solar e inmortal. Si uno no aceptara un mundo superior, la transformación no tendría sentido, eso es obvio.

La mente, como ahora se encuentra, no sirve para nada. Se necesita organizarla, remodelarla, amueblarla, etc. es decir, ponerla en un nivel intelectual superior.

Para poder transformar las impresiones hay que reconstruir la escena tal como sucedió y averiguar qué fue lo que más nos hirió. Si no hay digestión de impresiones no se tendrán alimentos, y si no hay alimentos, los cuerpos existenciales del Ser languidecerán.

El *yo* está gobernado y se nutre con el Hidrógeno 48. Cada día, cada hora, viven naciendo nuevos *yoes*. Por ejemplo: los mosquitos nos molestan, la lluvia también, etc. existen siempre una suma y resta de *yoes*.

Las buenas impresiones también deben ser transformadas. Si se han tenido durante el día tres impresiones que hayan afectado el estado de ánimo, éstas deberán por la noche ser estudiadas y transformadas utilizando un planteamiento ordenado. Cada *yo* está ligado con otros y están asociados. Los *yoes* se conjugan para formar la misma escena.

Hay que ser analíticos y juiciosos para transformar las impresiones, para que por ende aparezcan nuevas facultades. Cuando las personas no se transforman siguen teniendo un estado vergonzoso y ridículo. Al no haber digestiones se está involucionando.

Hay que digerir las impresiones del mismo día... ¡No permitas que el sol se oculte sobre tu ira! Hay que ver las cosas como son, hay que crear el aparato mental -estómago mental- conveniente para no ser víctima de nada.

SISTEMA PARA TRANSFORMAR LAS IMPRESIONES DEL DIA

Es urgente y necesario transformar las impresiones del día antes de acostarnos de la siguiente manera:

1.- Relajación absoluta.

2.-Llegar al estado de meditación

3.-Se revive la escena tal como sucedió.

4.-Buscar dentro de sí mismo el *yo* que ocasionó el problema.

5.-Observando serenamente, se colocará el ego en el banquillo de los acusados y se procederá al enjuiciamiento.

6.-Pedir la desintegración del *yo-problema* a la Divina Madre Kundalini.

CAPITULO II

IMAGEN, VALORES E IDENTIDAD

En dinámica mental, necesitamos saber algo sobre cómo y por qué funciona la mente.

En dinámica mental es urgente saber algo sobre el cómo y el por qué de los diversos funcionalismos de la mente.

Se necesita un sistema realista si es que en verdad queremos conocer el potencial de la mente humana.

Necesitamos mejorar la calidad de valores, identidad e imagen de sí mismos. Pienso que un cambio de valores, de imagen y de identidad, es fundamental.

El animal intelectual, equivocadamente llamado hombre, se ha educado para negar su auténtica identidad, valores e imagen.

Aceptar la cultura negativa, instalada subjetivamente en nuestra mente, en nuestro interior, siguiendo el camino de la menor resistencia, es un absurdo. Nosotros necesitamos de una cultura objetiva.

Aceptar así porque sí, siguiendo la línea de la menor resistencia, la cultura subjetiva de esta época decadente, es incuestionablemente absurdo.

Necesitamos pasar por una revolución total y por un cambio definitivo en la cuestión ésta de imagen, valores e identidad.

La imagen exterior del hombre, y las diversas circunstancias que le rodean, son el resultado exacto de su imagen exterior y de sus procesos psicológicos.

Auto-imagen es diferente, es el K.H. íntimo, el Hombre Kósmico, el Kosmos Hombre, nuestro prototipo divinal, el Real Ser.

Imagen, valores e identidad, deben ser cambiados radicalmente. Esto es revolución integral. *Necesitamos identidad del Ser, valores del Ser e imagen del Ser.*

Si descubrimos las reservas de inteligencia contenidas en la mente, podemos liberarla.

Las reservas de inteligencia son las diversas partes del Ser que nos orientan en el trabajo relacionado con la desintegración del *ego* y la liberación de la mente.

Las reservas de inteligencia, contenidas en la mente, nos orientan en el trabajo relacionado con la liberación de la mente. Los valores del Ser constituyen la inteligencia. Las reservas de inteligencia son las diversas partes del Ser que nos guían y orientan en el trabajo psicológico relacionado con la aniquilación del *ego* y la liberación de la mente.

Hagamos siempre una diferencia entre mente y Ser. Cuando alguien acepta que la mente está embotellada en el *ego*, indica que ha comenzado a madurar.

En cuestión de disolución el ego, se hace necesario combinar el análisis estructural y el transaccional.

Sólo los valores de la inteligencia pueden liberar a la mente mediante la desintegración de los elementos psíquicos indeseables.

LA AUTO-CRITICA

Debemos ser sinceros con nosotros mismos y hacerle la disección al *yo* con el tremendo bisturí de la *«auto-crítica»*. Es absurdo criticar los errores ajenos, lo fundamental es descubrir nuestros errores y luego desintegrarlos a base de análisis y profunda comprensión.

Sólo es posible actuar colectivamente cuando cada individuo es capaz de actuar individualmente con plena y absoluta conciencia de lo que se hace.

Los sistemas de la Revolución de la Dialéctica parecerán muy largos a las gentes impacientes. Empero no existe otro camino. Los que quieren cambios rápidos e inmediatos, en el orden psicológico y social, crean normas rígidas, dictaduras de la mente, no aspiran a que se sepa cómo pensar sino que dictan lo que hay que pensar.

Todo cambio brusco defrauda su propio objetivo y el hombre vuelve a ser víctima de aquello contra lo cual luchó. Dentro de nosotros mismos están todas las causas del fracaso de cualquier organización.

LA AUTO-IMAGEN

Esto de identificarse, imaginarse y valorarse a sí mismo correctamente, no debe confundirse con la doctrina maravillosa de la *no identificación.*

En vez de retener en nuestra mente una cultura caduca y degenerada, necesitamos reeducarnos a nosotros mismos.

Necesitamos tener un concepto exacto sobre nosotros mismos. Cada cual tiene un concepto falso sobre sí mismo.

Resulta impostergable reencontrarnos a nosotros mismos, auto-conocernos, reeducarnos y revalorizarnos correctamente.

La mente embotellada dentro del ego, desconoce los auténticos *valores del Ser.* ¿Cómo podría la mente reconocer lo que jamás ha conocido?

La libertad mental sólo es posible liberando la mente.

Los falsos conceptos de auto-identidad embotellan la mente. Lo exterior es tan sólo la reflexión de lo interior.

La imagen de un hombre da origen a su imagen exterior. El exterior es el espejo donde se refleja el interior. Cualquier persona es el resultado de sus propios procesos mentales.

El hombre debe auto-explorar su propia mente si desea identificarse, valorarse y auto-imaginarse correctamente.

Los pensamientos humanos son negativos y perjudiciales en un 99%.

LA AUTO-ADORACION

En la convivencia en sociedad existe auto-descubrimiento, auto-revelación.

Realmente, cuando en convivencia la mente se halla en alerta percepción, los defectos escondidos afloran, saltan fuera, entonces los vemos tal cual son en sí mismos.

Todos los seres humanos, en el fondo, somos narcisistas, enamorados de nosotros mismos. Observad a un cantante en el escenario del teatro: está locamente enamorado de sí mismo, se adora, se idolatra, y cuando le llueven los aplausos llega al clímax de su auto-adoración pues eso es precisamente lo que él quiere, lo que anhela, lo que aguarda con sed infinita.

Realmente, la vanidad es la viva manifestación del amor propio. El Yo se adorna para que otros lo adoren.

Cuando el Ego comienza a controlar la personalidad del niño, la belleza espontánea desaparece, entonces se inicia la sobre-estimación del querido Ego y el niño sueña con dominar el mundo y llegar a ser el más poderoso de la Tierra.

EL AUTO-JUICIO

El hombre que permite que se exprese en él de manera espontánea eso que se llama el *auto-juicio o juicio interior*, será guiado por la voz de la conciencia y marchará por el camino recto.

Todo hombre sometido al auto-juicio se convierte de hecho y por derecho propio en un buen ciudadano, en un buen esposo, en un buen misionero, en un buen padre, etc.

Para conocer nuestras íntimas contradicciones es necesario *auto-descubrirnos*. Quien se auto-descubre puede trabajar con éxito en la disolución del *yo pluralizado.*

Las íntimas contradicciones se fundamentan en la pluralidad del yo, las tremendas contradicciones que cargamos dentro nos amargan la vida lastimosamente. Somos obreros y queremos ser potentados; soldados y queremos ser generales. Pensamos conseguir una casa propia y luego que ya la conseguimos, la vendemos porque nos car—— y queremos otra.

Con nada estamos contentos, buscamos la felicidad en las ideas y éstas también desfilan y pasan. Buscamos la felicidad en la convivencia, con las amistades, que hoy están con nosotros y mañana contra nosotros. Vemos pues que todo es *ilusorio*.

Nada en la vida puede darnos la felicidad. Con tantas contradicciones somos unos miserables.

Es necesario acabar con el yo pluralizado, sólo así podemos acabar con el origen secreto de todas nuestras contradicciones y amarguras.

Quienes ya disolvieron el *yo* poseen de hecho el CPC.

En el mundo existen muchas escuelas y sistemas y muchas gentes que viven mariposeando de escuelita en escuelita, siempre llenos de íntimas contradicciones, siempre insatisfechos, siempre buscando el camino y no lo encuentran, aun cuando esté muy cerca de sus ojos. El *yo pluralizado* no les deja ver el camino de la *verdad* y de la vida. *El peor enemigo de la iluminación es el yo.*

Se le preguntó a un Maestro: ¿Qué es el camino?

-¡Qué magnífica montaña! Dijo de la montaña donde tenía su retiro.

-No os pregunto acerca de la montaña, sino acerca del camino.

-Mientras no puedas ir más allá de la montaña, no podrás encontrar el camino. Replicó el Maestro.

El yo puede hacer también buenas obras y ganar muchos méritos que mejoren su carácter psicológico pero jamás podrá llegar a la *iluminación.*

Debemos buscar la iluminación que todo lo demás nos será dado por añadidura. Es imposible llegar a la iluminación sin tener el CPC.

Es imposible tener un Centro Permanente de Conciencia sin haber disuelto el *yo pluralizado*

LA AUTO-IDEA

Información intelectual e ideas ajenas no es vivencia. Erudición no es experimentación. El ensayo, la prueba, la demostración exclusivamente tridimensional, no es unitotal.

Opiniones, conceptos, teorías, hipótesis, no significan verificación, experimentación, conciencia plena sobre tal o cual fenómeno.

Tiene que existir alguna facultad superior a la mente, independientemente del intelecto, capaz de darnos conocimiento y experiencia directa sobre cualquier fenómeno.

Sólo libertándonos de la mente podemos vivenciar de verdad eso que hay de real, aquello que se encuentra en estado potencial tras cualquier fenómeno.

El mundo es tan sólo una forma ilusoria que se disolverá inevitablemente al final del Gran Día Cósmico.

Mi persona, tu cuerpo, mis amigos, las cosas, mi familia, etc., son en el fondo eso que los indostanes llaman *«maya»*, la *ilusión*; formas mentales vanas que tarde o temprano se reducirán a polvareda cósmica.

Mis afectos, los seres más queridos que nos rodean, etc., son simples formas mentales que no tienen existencia real.

El dualismo intelectual tal como el placer y el dolor, las alabanzas y el vituperio, el triunfo y la derrota, la riqueza y la miseria, constituyen el doloroso mecanismo de la mente.

No puede existir la *auto-idea* y la verdadera felicidad

dentro de nosotros mientras seamos esclavos de la mente.

Nadie puede desarrollar la auto-idea mientras sea esclavo de la mente. Eso que es lo Real no es cuestión de suposiciones librescas o de ideas ajenas sino de la experiencia directa.

Quien se libera del intelecto puede experimentar y sentir un elemento que transforma radicalmente.

Cuando nos libertamos de la mente, ésta se convierte en un vehículo dúctil, elástico y útil mediante el cual nos expresamos.

La Lógica superior nos invita a pensar que emanciparse de la mente equivale, de hecho, a despertar conciencia, a terminar con el *automatismo.*

Pero vamos al grano: ¿Quién o qué es lo que debe zafarse de las mortificantes ideas ajenas? Resulta obvio contestar a estos interrogantes diciendo: ¡La conciencia!, eso que hay de alma dentro de nosotros, es lo que puede y debe liberarse.

Las ideas ajenas de la pseudo-literatura sólo sirven para amargarnos la existencia. La felicidad auténtica sólo es posible cuando nos emancipamos del intelecto.

Empero, debemos reconocer que existe un inconveniente mayúsculo para esa anhelada liberación de la conciencia, quiero referirme al tremendo batallar de las antítesis.

La Esencia o Conciencia vive, desgraciadamente, embotellada entre el aparatoso *dualismo intelectivo* de los opuestos *sí* y no, bueno y malo, alto y bajo, mío y tuyo, gusto y disgusto, placer y dolor, etc.

A todas luces resulta brillante comprender a fondo que cuando cesa la tempestad de ideas prestadas en el océano de la mente y termina la lucha de los opuestos, la Esencia se escapa, se sumerge en Aquello que es lo Real y emana con todo su esplendor la auto-idea, la *idea germen.*

CAPITULO III

MO-CHAO

La palabra china «Mo», sigifica silencioso o sereno; «Chao», significa reflexionar u observar. Mo-Chao, por tanto, puede traducirse como *reflexión serena* u *observación serena*.

Lo dificultoso y laborioso es lograr silencio mental absoluto en todos los niveles del subconsciente.

Alcanzar quietud y silencio en el mero nivel superficial, intelectual, o en unos cuantos departamentos subconscientes, no es suficiente, porque la esencia continúa enfrascada entre el dualismo sumergido, infraconsciente e inconsciente.

Mente en blanco es algo demasiado superficial, hueco e intelectual. Necesitamos reflexión serena si es que de verdad queremos lograr la quietud y el silencio absoluto de la mente.

Empero resulta claro comprender que en gnosticismo puro, los términos *serenidad* y *reflexión* tienen acepciones mucho más profundas, y por ende, deben comprenderse dentro de sus connotaciones especiales.

El sentimiento de sereno, trasciende a eso que normalmente se entiende por calma o tranquilidad, implica un estado superlativo que está más allá de los razonamientos, deseos, contradicciones y palabras; designa una situación fuera del mundanal bullicio.

Asimismo, el sentimiento de reflexión está más allá de eso que siempre se entiende por contemplación de un problema o idea. No implica aquí actividad mental o pensamiento contemplativo, sino una especie de *conciencia objetiva*. clara y reflejante, siempre iluminada en su propia experiencia.

Por lo tanto, «sereno», es aquí serenidad del no pensamiento, y «reflexión», significa conciencia intensa y clara.

Reflexión serena, es la clara conciencia en la tranquilidad del no pensamiento.

Cuando reina la serenidad perfecta, se logra la verdadera iluminación profunda.

MENTE DISPERSA Y MENTE INTEGRAL

En dinámica mental, es urgente saber cómo y por qué funciona la mente. Sólo resolviendo el cómo y el por qué, podremos hacer de la mente un instrumento útil.

La libertad intelectual sólo es posible a base de entendimiento, comprensión y conocimiento de los diversos funcionalismos de la mente.

Sólo conociendo los diversos mecanismos de la mente, podremos liberarnos de la misma para hacer de ella un instrumento útil.

Es impostergable conocernos a nosotros mismos si es que en realidad queremos controlar nuestra propia mente en forma íntegra.

Hipócrates, el gran médico, fue uno de los maestros clásicos de la mente.

La mente humana está condicionada.

La voluntad sin cadenas sólo es posible disolviendo el Ego. La mente debe convertirse en un mecanismo obediente al hombre. La madurez comienza cuando aceptamos la realidad de que la mente humana está condicionada.

Es posible lograr la liberación de la mente si descubrimos la inteligencia que posee. Necesitamos mente íntegra en vez de mente dispersa.

LA REVOLUCION DE LA MEDITACION

La técnica de la meditación nos permite llegar hasta las alturas de la iluminación y de la Revolución de la Dialéctica.

Debemos distinguir entre una mente que está quieta y una mente que está aquietada a la fuerza.

Cuando la mente está aquietada a la fuerza, realmente no está quieta, está amordazada por la violencia y en los niveles más profundos del entendimiento hay toda una tempestad.

Cuando la mente está silenciada violentamente, realmente no está en silencio y en el fondo clama, grita y se desespera.

Es necesario acabar con las modificaciones del principio pensante durante la meditación. Cuando el principio pensante queda bajo nuestro control, la iluminación adviene a nosotros espontáneamente.

El control mental nos permite destruir los grillos creados por el pensamiento. Para lograr la quietud y el silencio de la mente es necesario saber vivir de instante en instante, saber aprovechar cada momento, no dosificar el momento.

Tomad todo de cada momento, porque cada momento es hijo de la Gnosis, cada momento es absoluto, vivo y significante. La momentaneidad es característica especial de los gnósticos. Nosotros amamos la filosofía de la momentaneidad.

El Maestro Ummom dijo a sus discípulos: «Si caminan, caminen; si se sientan, siéntense, pero no vacilen.»

Un primer estudio en la técnica de la meditación es la antesala de esa paz divina que supera todo conocimiento

La forma más elevada de pensar es no pensar. Cuando se logra la quietud y el silencio de la mente, el Yo, con todas sus pasiones, deseos, apetencias, temores, afectos, etc., se ausenta.

Sólo en ausencia del Yo, en ausencia de la mente, el Budhatta puede despertar para unirse al Intimo y llevarnos al éxtasis.

Es falso, como pretende la escuela de magia negra del Subub, que la mónada o la gran realidad penetre dentro de aquél que todavía no posee los cuerpos existenciales superiores del Ser.

Lo que entra dentro de los fanáticos tenebrosos del Subub, son las entidades tenebrosas que se expresan en ellos con gestos, acciones, palabras bestiales y absurdas. Esas gentes son poseídas por tenebrosos.

La quietud y el silencio de la mente tiene un solo objetivo: liberar a la Esencia de la mente para que fusionada con la Mónada o Intimo pueda experimentar eso que nosotros llamamos la Verdad.

Cuando la mente se halla en estado pasivo y receptivo, absolutamente quieta y en silencio, se libera de la mente la Esencia o Budhatta y adviene el éxtasis.

La Esencia se halla siempre embotellada entre el batallar de los opuestos, mas cuando la batalla termina y el silencio es absoluto, la Esencia queda libre y la botella vuelve pedazos

Cuando practicamos la meditación, nuestra mente es asaltada por muchos recuerdos, deseos, pasiones, preocupaciones, etc.

Debemos evitar el conflicto entre la atención y la distracción. Existe conflicto entre la distracción y la atención cuando combatimos contra esos asaltantes de la mente. El Yo es el proyector de dichos asaltantes mentales. Donde hay conflicto no existe quietud ni silencio.

Debemos anular el proyector mediante la auto-observación y la comprensión. Examinad cada imagen, cada recuerdo, cada pensamiento que llegue a la mente. Recordad que todo pensamiento tiene dos polos: positivo y negativo.

Entrar y salir son los aspectos de una misma cosa. El comedor y el baño, lo alto y lo bajo, lo agradable y lo desagradable; etc., son siempre los dos polos de una misma cosa.

Examinad los dos polos de cada forma mental que llegue a la mente. Recordad que sólo mediante el estudio de las polaridades se llega a la síntesis.

Toda forma mental puede ser eliminada mediante la síntesis.

Ejemplo: Nos asalta el recuerdo de una novia. ¿Es bella? Pensemos que la belleza es el opuesto de la fealdad y que si en su juventud es bella, en su vejez será fea. Síntesis: No vale la pena pensar en ella, es una ilusión, una flor que se marchita inevitablemente.

En la India, esta auto-observación y estudio de nuestra Psiquis es llamada, propiamente, Pratyâhâra.

Los pájaros-pensamientos deben pasar por el espacio de nuestra propia mente en sucesivo desfile pero sin dejar rastro alguno.

La infinita procesión de pensamientos proyectados por el Yo, al fin se agota y entonces la mente queda quieta y en silencio.

Un gran Maestro autorrealizado dijo: «Solamente cuando el proyector, es decir el Yo, está ausente por completo, entonces, sobreviene el silencio que no es producto de la mente. Este silencio es inagotable, no es del tiempo, es lo incommensurable, sólo entonces adviene Aquello que es.»

Toda esta técnica se resume en dos principios:

a- Profunda reflexión.
b- Tremenda serenidad

Esta técnica de la meditación, con su no-pensamiento, pone a trabajar la

parte más central de la mente, la que produce el éxtasis.

Recordad que la parte central de la mente es eso que se llama Budhatta, la

Esencia, la Conciencia.

Cuando el Budhatta despierta quedamos iluminados. Necesitamos el despertar del Budhatta, la Conciencia.

El estudiante gnóstico puede practicar la meditación sentado al estilo occidental o al estilo oriental.

Es aconsejable practicar con los ojos cerrados para evitar las distracciones del mundo exterior.

Conviene relajar el cuerpo evitando cuidadosamente el que algún músculo quede en tensión.

El Budhatta, la Escencia, es el material psíquico, el principio budhistico interior, el material anímico o materia prima con el que damos forma al alma.

El Budhata es lo mejor que tenemos dentro y despierta con la meditación interior profunda.

El Budhatta es realmente el único elemento que posee el pobre animal intelectual para llegar a experimentar eso que llamamos Verdad.

El animal intelectual, no pudiendo encarnar al Ser debido a que todavía no posee los cuerpos existenciales superiores, lo único que puede hacer es practicar la meditación para auto-despertar el Budhatta y conocer la Verdad.

LA ASOCIACIÓN MECANICA

Isan envió al Maestro Koysen un espejo. Koysen lo mostró a sus monjes y dijo:

- ¿Este es el espejo de Isan o el mío? Si dicen que es de Isan, ¿cómo puede ser que se encuentre en mis manos? Si dicen que es mío, ¿acaso no lo he recibido de las manos de Isan? Hablen, hablen, sino lo haré pedazos.

Los monjes no pudieron pasar entre esos dos opuestos y el Maestro volvió pedazos el espejo.

Es imposible el éxtasis mientras la Esencia esté embotellada entre los opuestos.

En tiempos de Babilonia vino al mundo el Bodhisattva del Santísimo Ashiata-Shiemash, un gran Avatara.

El Bodhisattva no estaba caído y como todo Bodhisattva, tenía normalmente desarrollados los cuerpos existenciales superiores del Ser.

Cuando llegó a la edad responsable, fue al monte Veziniana y se metió a una caverna.

Cuenta la tradición que hizo tres tremendos ayunos de cuarenta días cada uno, acompañado de sufrimiento intencional y voluntario.

El primer ayuno lo dedicó a la oración y a la meditación.

El segundo ayuno fue dedicado a revisar toda su vida y las pasadas.

El tercer ayuno fue definitivo, fue dedicado a acabar con la asociación mecánica de la mente.

No comió y sólo debía agua y cada media hora arrancaba dos pelos de su pecho.

Existen dos tipos de asociación mecánica que vienen a ser la base de los opuestos:

a- Asociación mecánica por ideas, palabras, frases, etc.

b- Asociación mecánica por imágenes, formas, cosas, personas, etc.

Una idea se asocia a otra, una palabra a otra, una frase a otra y viene el batallar de los opuestos.

Una persona se asocia a otra. El recuerdo de alguien viene a la mente. Una imagen se asocia a otra, una forma a otra, y continúa el batallar de los asociados.

El Bodhisattva del Avatara Ashiata-Shiemash, sufriendo lo indecible y ayunando ciento veinte días, mortificándose espantosamente, sumido en profunda meditación íntima, logró la disolución de la mecánica mental y su mente quedó solemnemente quieta y en imponente silencio.

El resultado fue el éxtasis con encarnación de su real Ser.

Ashiata-Shiemash hizo en Asia una gran obra fundando monasterios y estableciendo por doquier gobernantes de conciencia despierta.

Este Bodhisattva pudo encarnar a su real Ser durante

la meditación debido a que tenía los cuerpos existenciales superiores del Ser.

Aquéllos que no tienen los cuerpos existenciales superiores del Ser, no pueden lograr que la Divinidad o el Ser opere dentro de ellos o se encarne, pero sí pueden liberar a la Esencia para que se fusione con el Ser y participe de su éxtasis.

En estado de éxtasis podemos estudiar los misterios de la vida y de la muerte. Hay que estudiar el Ritual de la vida y de la muerte mientras llega el Oficiante -el Intimo, el Ser.

Sólo en ausencia del Yo se puede experimentar la dicha del Ser. Sólo en ausencia del Yo adviene el éxtasis.

Cuando se logra la disolución de la mecánica mental viene eso que los orientales llaman estallido de la bolsa, irrupción del vacío. Entonces, hay un grito de júbilo porque la Esencia, el Budhatta, se ha escapado de entre la batalla de los opuestos y participa de la comunicación de los Santos.

EL DOMINIO DE LA MENTE

Es claro que debemos irnos independizando cada vez más y más de la mente. La mente es un calabozo, una cárcel donde todos estamos prisioneros. Necesitamos evadirnos de esa cárcel si es que realmente queremos saber qué cosa es la libertad, esa libertad que no es del tiempo, esa libertad que no es de la mente.

Ante todo, debemos considerar a la mente como algo que no es del Ser. La gente, desafortunadamente, muy identificada con la mente, dice: ¡estoy pensando! Y se siente siendo mente.

Hay escuelas que se dedican a fortalecer la mente. Dan cursos por correspondencia, enseñan a desarrollar la fuerza mental, etc., mas todo eso es absurdo. No es fortificando los barrotes de la prisión donde estamos metidos lo indicado, lo que necesitamos es destruir esos barrotes para conocer la verdadera libertad, que como he dicho, no es del tiempo.

Mientras estemos en la cárcel del intelecto, no seremos capaces de experimentar la verdadera libertad.

La mente, en sí misma, es una cárcel muy dolorosa, nadie ha sido feliz con la mente, Hasta la fecha no se ha conocido el primer hombre que sea feliz con la mente. La mente hace desdichadas a todas las criaturas, las hace infelices. Los momentos más dichosos que hemos tenido todos en la vida, han sido siempre en ausencia de la mente, han sido un instante, sí, pero que ya no se nos podrá olvidar en la vida; en tal segundo hemos sabido lo que es la felicidad, pero esto sólo ha durado un segundo. La mente no sabe qué cosa es felicidad, ¡ella es una cárcel!

Hay que aprender a dominar la mente, no la ajena, sino la propia, si es que queremos independizarnos de ella.

Se hace indispensable aprender a mirar a la mente como algo que debemos dominar, como algo que, digamos, necesitamos amansar. Recordemos al Divino Maestro Jesús entrando en su borrico a Jerusalén en Domingo de Ramos, ese borrico es la mente que hay que someter. Debemos montar en el borrico, no que él monte sobre nosotros. Desgraciadamente, la gente es víctima de la mente puesto que no sabe montar en el borrico. La mente es un borrico demasiado torpe que hay que dominar si es que verdaderamente queremos montar en él.

Durante la meditación debemos platicar con la mente. Si alguna duda se atraviesa, necesitamos hacerle la disección a la duda. Cuando una duda ha sido debidamente estudiada, cuando se le ha hecho la disección, no deja en nuestra memoria rastro alguno, desaparece. Pero cuando una duda persiste, cuando queremos nosotros combatirla incesantemente, entonces se forma conflicto. Toda duda es un obstáculo para la meditación. Pero no es rechazando las dudas como vamos a eliminarlas, es haciéndoles la disección para ver qué es lo que esconden de real.

Cualquier duda que persista en la mente se convierte en una traba para la meditación. Entonces, hay que analizar, descuartizar, reducir a polvo la duda, no combatiéndola, sino abriéndola con el escalpelo de la autocrítica, haciéndole una disección rigurosa, implacable. Sólo así vendremos a descubrir qué es lo que no había de importante en la duda, qué era lo que había de real en la duda y qué de irreal.

Así pues, las dudas a veces sirven para aclarar conceptos. Cuando uno elimina una duda mediante el análisis riguroso, cuando le hace la disección descubre alguna verdad; de tal verdad viene algo más profundo, más sapiencia, más sabiduría.

La sabiduría se elabora sobre la base de la experimentación directa, sobre la experimentación propia, sobre la base de la meditación profunda. Hay veces que necesitamos, repito, platicar con la mente, porque muchas veces, cuando queremos que la mente esté quieta, cuando queremos que la mente esté en silencio, ella persiste en su necesidad, en su parloteo inútil, en la lucha de antítesis. Entonces, es necesario interrogar a la mente, decirle: Pero bueno, ¿qué es lo que tú quieres mente? Bien, ¡contéstame! Si la meditación es profunda, puede surgir en nosotros alguna representación; en esa representación, en esa figura, en esa imagen, está la respuesta. Debemos entonces platicar con la mente y hacerle ver la realidad de las cosas, hasta hacerle ver que su respuesta está equivocada; hacerle caer en cuenta que sus preocupaciones son inútiles y el motivo por el cual son inútiles. Y al fin, la mente queda quieta, en silencio. Mas, si notamos que no surge la iluminación todavía, que aún persiste en nosotros el estado caótico, la confusión incoherente con su lucha y parloteo incesante, entonces, tenemos que llamar nuevamente a la mente al orden, interrogarla: ¿Qué es lo que tú quieres? ¿Qué es lo que andas buscando? ¿Por qué no me dejas en paz? Hay que hablar claro y platicar con la mente como si fuera un sujeto extraño, porque ciertamente ella es un sujeto extraño, porque ella no es del Ser. Hay que tratarla como a un sujeto extraño, hay que recriminarla y hay que regañarla.

Los estudiantes del Zen avanzado acostumbran el Judo, pero el *Judo psicológico* de ellos no ha sido comprendido por los turistas cuando llegan al Japón. Ver, por ejemplo, a los monjes practicando el Judo, luchando unos con otros, parecería como ejercicio meramente físico, mas no lo es. Cuando ellos estan practicando el Judo, realmente casi no se estan dando cuenta del cuerpo físico, su lucha va realmente a dominar su propia mente. El Judo en que se hallan combatiendo, es contra su propia mente de cada uno. De manera que el Judo psicológico tiene por objeto someter a la mente, tratarla científicamente, técnicamente, con el objeto de someterla.

Desgraciadamente, los occidentales ven la cáscara del Judo, claro, como siempre, superficiales y necios, tomaron el Judo como defensa personal y se olvidaron de los principios del Zen y del Chang, y eso ha sido verdaderamente lamentable. Es algo muy semejante a lo que sucedió con el Tarot. Se sabe que en el Tarot está toda la Sabiduría antigua, se conoce que en el Tarot están todas las Leyes cósmicas y de la Naturaleza.

Por ejemplo, un individuo que habla contra la Magia Sexual, está hablando contra el Arcano IX del Tarot, por lo tanto se está echando un karma horrible. Un individuo que hable a favor del Dogma de la Evolución, está quebrantando la ley del Arcano X del Tarot, y así sucesivamente.

El Tarot es el «patrón de medidas» para todos. Como lo dije en mi libro titulado «El Misterio del Aureo Florecer», en el que termino diciendo que los autores son libres de escribir lo que quieran. Pero que no olviden el patrón de medidas que es el Tarot, el libro de Oro, si es que no quieren violar las Leyes cósmicas y caer bajo la Katancia que es el karma superior.

Después de esta pequeña disgresión, quiero decir que

el Tarot tan sagrado, tan sapiente, se ha convertido en juego de póker, en los distintos juegos de naipes que hay para divertir a la gente. Se olvidó la gente de sus leyes, de sus principios. Las piscinas sagradas de los Templos antiguos, de los Templos de Misterios, se convirtieron hoy en las albercas para bañistas.

La Tauromaquía, la ciencia profunda, ciencia taurina de los antiguos Misterios de Neptuno en la Atlántida, perdió sus principios, se convirtió hoy en el circo vulgar de toros. Así pues, no es extraño que el *Judo Zen Chang*, que tiene por objeto, precisamente, someter a la mente propia en cada uno de sus movimientos y paradas, haya degenerado, haya perdido sus principios en el mundo occidental y se haya convertido nada más que en algo profano que sólo se usa hoy para la defensa personal.

Miremos el aspecto psicológico del Judo. En el Judo psicológico que enseña la Revolución de la Dialéctica, se necesita dominar la mente, se requiere que la mente aprenda a obedecer, se exige la fuerte recriminación de ésta para que obedezca.

Esto no lo ha enseñado Kishnamurti, tampoco lo ha enseñado el Zen ni el Chang, esto que estoy enseñando pertenece a la *Segunda Joya del Dragón Amarillo*, a la Segunda Joya de la Sabiduría. Dentro de la Primera Joya podemos incluir el Zen, pero la Segunda Joya no la explica el Zen, aunque si tenga los prolegómenos con su Judo psicológico.

La Segunda Joya implica la disciplina de la mente, dominándola, azotándola, regañándola. ¡La mente es un borrico insoportable que hay que amansar!

Así pues, durante la meditación tenemos que contar con muchos factores si queremos llegar a la quietud y al silencio de la mente. Necesitamos estudiar el desorden, porque solamente así, nosotros podemos establecer el orden. Hay que saber qué es lo que existe en nosotros de *atento* y qué es lo que hay en nosostros de *inatento.*

Siempre que entramos en meditación, nuestra mente está dividida en dos partes: *la parte que atiende y la parte que no atiende*. No es en la parte *atenta* que tenemos que poner *atención* sino precisamente en lo que hay de *inatento* en nosotros. Cuando logramos comprender a fondo lo que hay de inatento en nosotros y estudiar los procedimientos para que lo inatento se convierta en atento, habremos logrado la quietud y el silencio de la mente. Pero tenemos que ser juiciosos en la meditación, enjuiciarnos a sí mismos, saber que es lo que hay de inatento en nosotros. Necesitamos hacernos conscientes de aquello que exista de inatento en nosotros.

Cuando digo que debemos dominar la mente, quien la debe dominar es la Esencia, la Conciencia. Despertando Conciencia tenemos más poder sobre la mente y por ende, nos hacemos conscientes de lo que hay de *inconsciente* en nosotros.

Se hace urgente e inaplazable dominar la mente, platicar con ella, recriminarla, azotarla con el látigo de la voluntad y hacerla obedecer. Esta didáctica pertenece a la Segunda Joya del Dragón Amarillo.

Mi Real Ser, Samael Aun Weor, estuvo reencarnado en la China antigua y me llamé Chou-Li. Fui iniciado en la Orden del Dragón Amarillo y tengo órdenes de entregar las *Siete Joyas del Dragón Amarillo* a quien despierte Conciencia viviendo la Revolución de la Dialéctica y logrando la Revolución integral.

Ante todo, debemos identificarnos con la mente si es que verdaderamente queremos sacar el mejor partido de la Segunda Joya, porque si nosotros nos sentimos siendo mente, si digo: ¡estoy razonado! ¡estoy pensando!, entonces, estoy afirmando un adefesio y no estoy de acuerdo con la Doctrina del Dragón Amarillo, porque el Ser no necesita de pensar, porque el Ser no necesita de razonar. Quien razona es la mente. El Ser es el Ser y la razón de ser del Ser es el mismo Ser. El es lo que es, lo que siempre ha sido y lo que siempre será. El Ser es la vida que palpita en cada átomo como palpita en cada sol. Lo que piensa no es el Ser, quien razona no es el Ser. Nosotros no tenemos encarnado todo el Ser, pero tenemos encarnada una parte del Ser que es la Esencia o Budhatta, eso que hay de Alma en nosotros, lo anímico, el material psíquico. Es necesario que esta Esencia viviente se imponga sobre la mente.

Lo que analiza en nosostros son los yoes, porque los yoes no son sino formas de la mente, formas mentales que hay que desintegrar y reducir a polvareda cósmica.

Estudiemos en estos momentos algo muy especial. Podría darse el caso de que alguien disuelva los yoes, los elimine. Podría también darse el caso de que ese alguien, además de disolver los yoes, se fabrique un cuerpo mental. Obviamente adquiere individualidad intelectual, empero, tiene que liberarse hasta del mismo cuerpo mental, porque el mismo cuerpo mental, por muy perfecto que sea, también razona, también piensa y *la forma más elevada de pensar es no pensar.* Mientras se piensa no se está en la forma más elevada de pensar.

El ser no necesita de pensar. El es lo que siempre ha sido y lo que siempre será. Así pues, en síntesis, hay que subyugar a la mente e interrogarla. No necesitamos de someter mentes ajenas porque eso es magia negra. No necesitamos dominar la mente de nadie porque eso es brujería de la peor clase, lo que necesitamos es someter nuestra propia mente y dominarla.

Durante la meditación, repito, hay dos partes, aquélla que está *atenta* y aquélla que está *inatenta*. Necesitamos hacernos conscientes de lo que hay de *inatento* en nosostros. Al hacernos conscientes podemos evidenciar que lo inatento tiene muchos factores: duda, hay muchas dudas, son muchas las dudas que existen en la mente humana. ¿De dónde vienen esas dudas? Vemos por ejemplo el ateísmo, el materialismo, el misticismo, si les descuartizamos, vemos que existen muchas formas de excepticismo, muchas formas de ateísmo, muchas formas de materialismo. Existen personas que se dicen ateos materialistas, y sin embargo le temen por ejemplo a las hechicerías, a las brujerías. Respetan a la Naturaleza, saben ver a Dios en la Naturaleza, pero a su modo. Cuando se les platica de asuntos espirituales o religiosos, se declaran ateos materialistas; su ateísmo es una forma nada más incipiente.

Hay otra forma de materialismo y ateísmo: el de tipo marxista-leninista, incrédulo-excéptico. En el fondo, algo busca ese materialista ateo, quiere sencillamente desaparecer, no existir, aniquilarse íntegramente, no quiere saber nada de la Mónada divina, la odia. Obviamente, al proceder así, se desintegrará como él quiere, es su gusto, dejará de existir, descenderá a los mundos infiernos, hacia el centro de gravedad del planeta. Ese es su gusto: autodestruirse. Perecerá, pero en el fondo, si continúa, la Esencia se liberará, retornará a nuevas evoluciones y pasará por nuevas involuciones, volverá una y otra vez en distintos ciclos de manifestación a caer en el mismo escepticismo y materialismo. A la larga aparece el resultado, ¿cuál?, cuando el día en el que definitivamente se cierren todas las puertas, cuando los tres mil ciclos se agoten, entonces esa Esencia se absorberá en la Mónada y ésta a su vez entrará al Seno Espiritual Universal de Vida pero sin maestría. ¿Qué es lo que realmente quiere esa Esencia? ¿Qué es lo que busca con su ateísmo? ¿Cuál es su anhelo? Su anhelo es rechazar la maestría, en el fondo eso es lo que quiere, lo consigue, no valora y al fin termina como una chispa divina pero sin maestría.

Las formas de escepticismo son varias. Hay gente que se dice católica, apostólica y romana, y sin embargo en sus exposiciones son crudamente materialistas y ateas; pero van a misa los domingos, comulgan y se confiesan, ésta es otra forma de escepticismo.

Si analizamos todas las formas habidas y por haber de escepticismo y materialismo, descubrimos que no hay un solo escepticismo, no hay un solo materialismo. La realidad es que son millones las formas del escepticismo y del materialismo. Millones porque sencillamente son mentales, cosas de la mente. Es decir, el escepticismo y el materialismo son de la mente y no del Ser.

Cuando alguien ha pasado más allá de la mente, se ha hecho consciente de la Verdad que no es del tiempo. Obviamente, no puede ser ni materialista ni ateísta.

Aquél que alguna vez ha escuchado el Verbo, está más allá del tiempo, más allá de la mente.

El ateísmo es de la mente, pertenece a la mente que

es como un abanico. Todas las formas del materialismo y ateísmo son tantas y tan variadas que semejan un gran abanico. Lo que hay de real está más allá de la mente.

El ateísta y el materialista son ignorantes, jamás han escuchado al Verbo, nunca han conocido la Palabra Divina, jamás han entrado en la corriente del sonido.

En la mente es donde se gestan el ateísmo y el materialismo. Estos son formas de la mente, formas ilusorias que no tienen ninguna realidad. Lo que verdaderamente es real no pertenece a la mente, lo que ciertamente es real, está más allá de la mente.

Independizarnos de la mente es importante para conocer lo real, no para conocerlo intelectualmente sino para experimentar lo real y verdaderamente.

Al poner *atención* en lo que hay de *inatento* podemos ver distintas formas de escepticismo, de incredulidad, de duda, etc., ya que viendo cualquier duda, de cualquier especie, hay que descuartizarla, hacerle la *disección* para ver qué es lo que quiere de verdad. Una vez que la hemos descuartizado totalmente, la duda desaparece no dejando en la mente rastro alguno, no dejando en la mente rastro alguno, no dejando en la memoria ni la más insignificante huella.

Cuando observamos lo que hay de inatento en nosostros, vemos también la lucha de antítesis en la mente. Es entonces cuando hay que descuartizar a esas antítesis para ver qué es lo que tienen de verdad. También se les deberá hacer la disección a recuerdos, emociones, deseos y preocupaciones que se ignoran, que no se sabe de dónde vienen y por qué vienen.

Cuando juiciosamente vemos que hay necesidad de llamarle la atención a la mente, hay un punto critico en el que uno se ha cansado con la mente que no quiere ya obedecer en ninguna forma, entonces no queda más que recriminarla, hablarle fuerte, tratarla frente a frente, cara a cara como a un sujeto extraño e inoportuno. Se le tiene que azotar con el látigo de la voluntad, recriminarla con la palabra dura hasta hacerla obedecer. Hay que platicar muchas veces con la mente y llegamos a la Verdad, Aquello que ciertamente no es del tiempo.

Cuando nosotros logramos asomarnos a eso que no es del tiempo, podemos experimentar un elemento que transforma radicalmente. Existe cierto elemento transformador que no es del tiempo, que solamente se puede experimentar cuando salimos de la mente. Hay que luchar intensamente hasta conseguir salir de la mente para lograr la auto-realización íntima del Ser.

Una y otra vez necesitamos independizarnos de la mente y entrar en la corriente del sonido, el mundo de la música, en el mundo donde resuena la palabra de los Elojim, donde reina ciertamente la Verdad.

Mientras estemos embotellados entre la mente, ¿qué podemos saber de la verdad?, lo que otros dicen. Pero, ¿qué sabemos nosotros?. Lo importante no es lo que otros dicen sino lo que nosostros experimentamos por sí mismos. Nuestro problema está en cómo salirnos de la mente. Para ello, nosotros necesitamos ciencia, sabiduría para emanciparnos y ésta se halla en la Gnosis.

Cuando creemos que la mente está quieta, cuando creemos que está en silencio y sin embargo no viene ninguna experiencia divina a nosotros, es porque no está quieta la mente ni en silencio. En el fondo, ella continúa luchando. En el fondo, ella está parloteando. Entonces, a través de la meditación, nosotros tenemos que encararla, platicar con ella, recriminarle e interrogarle qué es lo que quiere. Decirle: ¡Mente!, pero ¿por qué no estás quieta? ¿Por qué no me dejas en paz? La mente dará alguna respuesta y nosotros le contestaremos con otra explicación tratando de convencerla y si no quiere convencerse, no quedará más remedio que someterla por medio de la recriminación y el látigo de la voluntad.

El dominio de la mente va más allá de la meditación de los opuestos. Así, si por ejemplo, nos asalta un pensamiento de odio, un recuerdo malvado, pues hay que tratar de comprenderlo, tratar de ver su antítesis que es el amor. Si hay amor, ¿por qué ese odio? ¿Con qué objeto?.

Surge, por ejemplo, el recuerdo de un acto lujurioso. Entonces, hay que pasar por la mente el cáliz sagrado y la santa lanza, decir: ¿Por qué he de profanar lo santo con mis pensamientos morbosos?

Si urge el recuerdo de una persona alta, se le debe ver bajita y eso estaría correcto puesto que en la síntesis está la clave.

Saber buscar siempre la *síntesis* es benéfico porque de la *tesis* hay que pasar a la *antítesis* pero la verdad no se encuentra ni en la antítesis ni en la tesis. En la tesis y en la antítesis hay discusión y eso es lo que realmente se quiere; *afirmación, negación, discusión y solución*. Afirmación de un mal pensamiento, negación del mismo mediante la comprensión de su opuesto. Discusión: hay que discutir qué es lo que tiene de real de uno y otro hasta llegar a la sabiduría y dejar la mente quieta y en silencio. Así es como se debe practicar.

Todo eso es una parte de las prácticas conscientes, de la observación de lo que hay de inatento. Pero si decimos simplemente: es el recuerdo de una persona alta y le ponemos enfrente a una persona bajita y punto; no está correcto. Lo correcto sería decir: lo alto y lo bajo no son sino dos aspectos de una misma cosa, lo que importa no es lo alto ni lo bajo sino lo que hay de verdad detrás de todo eso. Lo alto y lo bajo son dos fenómenos ilusorios de la mente. Así es como se llega a la *síntesis* y a la *solución*.

Lo *inatento* en uno es lo que está formado por el subconsciente, por lo incoherente, por la cantidad de recuerdos que surgen en la mente, por las memorias del pasado que asaltan una y otra vez, por los desechos de la memoria, etc.

Los elementos que constituyen el subconsciente, ni hay que aceptarlos ni hay que rechazarlos, sencillamente hay que hacerse consciente de lo que hay de inatento. Quedando así, lo inatento, atento, en forma natural y espontánea. Queda atento lo inatento.

Hay que hacer de la vida corriente una contínua meditación. No solamente es meditación aquella acción de aquietar la mente cuando estamos en casa o en los Lumisiales, sino que también abarca la corriente del diario vivir para que la vida se convierta de hecho en una constante meditación. Así es como viene la verdad realmente.

La mente, en sí, es el Ego. Pero es urgente destruir el Ego para que quede la substancia mental con la que se pueda fabricar el cuerpo mental. Pero siempre queda la mente. Lo importante es liberarse de la mente, y siendo libres de ella, hay que aprender a desenvolvernos en el mundo del Espíritu Puro sin la mente. Saber vivir en esa corriente del sonido que está más allá de la mente y que no es del tiempo.

En la mente, lo que hay es ignorancia. La real Sabiduría no está en la mente, está más allá de la mente. La mente es ignorante y por eso cae y cae en tantos errores graves.

Cuán necios son aquéllos que hacen propagandas mentalistas, aquéllos que prometen poderes mentales, que les enseñan a otros a dominar la mente ajena, etc. La mente no ha hecho feliz a nadie. La verdadera felicidad está mucho más allá de la mente. Uno no puede llegar a conocer la felicidad hasta que no se independice de la mente.

Los sueños son propios de la *inconsciencia*. Cuando uno despierta conciencia, deja los sueños. Los sueños no son sino proyecciones de la mente. Recuerdo cierto caso vivido por mí en los mundos superiores: Fue solamente un instante de descuido. Vi cómo se me salió de la mente un sueño. Ya iba a comenzar a soñar y reaccioné entre el sueño que se me escapó por un segundo, pero como me dí cuenta del proceso, rápidamente me alejé de esta forma petrificada que escapó de mi propia mente. ¿Qué tal que hubiera estado dormido?, ahí hubiera quedado enredado en esa forma mental. Cuando uno está despierto, sabe inmediatamente que en un momento de *desatención* se puede escapar un sueño y queda uno enredado toda la noche hasta el amanecer.

Lo que importa en nosotros es despertar la conciencia para dejar de soñar, para dejar de pensar. Este pensar, que es materia cósmica , es la mente. Hasta el mismo Astral no es más que la cristalización de la materia mental y el mundo físico es también mente condensada. Así pues, la mente es materia y muy grosera, sea en estado físico o en el estado llamado astral -manásico, como dicen los indostanes. De todas maneras es la mente grosera y material, tanto en lo astral como en lo físico.

La mente es materia física o metafísica, pero materia. Por lo tanto, no puede hacernos dichosos. Para conocer la auténtica felicidad, la verdadera Sabiduría, debemos salirnos de la mente y vivir en el mundo del Ser, eso es lo importante.

No negamos el poder creador de la mente, es claro que todo lo que existe es mente condensada. Pero, ¿qué ganamos con eso? ¿Acaso la mente nos ha dado felicidad? Podemos nosotros hacernos maravillas con la mente, crearnos muchas cosas en la vida. Los grandes inventos son mente condensada pero este tipo de creaciones no nos ha hecho felices.

Lo que necesitamos es independizarnos, salir de ese calabozo de la materia porque la mente es materia Hay que salirnos de la materia, vivir en función de espíritus, como seres, como criaturas felices más allá de la materia. A nadie le hace feliz la materia, la materia siempre es grosera aunque asuma formas hermosas.

Si nosostros buscamos la auténtica felicidad, no la encontraremos en la materia sino en el espíritu. Necesitamos libertarnos de la mente. La verdadera felicidad viene a nosotros cuando nos salimos del calabozo de la mente. No negamos que la mente pueda ser la creadora de las cosas, de los inventos, de las maravillas y de los prodigios, pero, ¿acaso eso nos da la felicidad? ¿Cuál de nosotros es feliz?

Si la mente no nos ha dado la felicidad, tenemos que salirnos de la mente, buscarla en otra parte y obviamente que la encontraremos en el mundo del espíritu. Pero, lo que tenemos que saber es cómo evadirnos de la mente, cómo liberarnos de la mente, ése es el objeto de nuestras prácticas y estudios que he entregado en los libros gnósticos y en este Tratado de la Revolución de la Dialéctica.

En nosotros existe un tres por ciento de conciencia y un noventa y siete por ciento de subconsciente. Lo que tenemos de consciente debe dirigirse a lo que tenemos de *inconsciente o subconsciente* para recriminarle y hacerle ver que tiene que convertirse en consciente. Pero hay necesidad que la parte consciente recrimine a la parte subconsciente. Esto de que la parte consciente se dirija a la parte subconsciente, es un ejercicio psicológico muy importante que se puede practicar en la aurora, así, las partes inconscientes poco a poco se van volviendo conscientes.

PROBISTMO

Probistmo, es la ciencia que estudia las esencias mentales que encarcelan al alma. Probistmo es la ciencia de las pruebas esotéricas.

Probistmo, es aquella sabiduría interna que nos permite estudiar las cárceles del entendimiento.

Probistmo es la ciencia pura que nos permite conocer a fondo los errores de las mentes individuales.

La mente humana debe libertarse del miedo y de las apetencias. La mente humana debe liberarse de las ansias de acumulación, de los apegos, de los odios, de los egoísmos, de las violencias, etc.

La mente humana debe libertarse de los procesos del razonamiento que dividen la mente en el batallar de las antítesis.

Una mente dividida por el proceso deprimente de la opción no puede servir de instrumento al Intimo.

Hay que cambiar el proceso del razonamiento por la belleza de la *comprensión.*

El proceso de la elección conceptual divide a la mente y da nacimiento a la acción errada y al esfuerzo inútil.

El deseo y las apetencias son trabas para la mente. Esas trabas conducen al hombre a toda clase de errores cuyo resultado es el karma.

El miedo ejerce sobre la mente el deseo de seguridad.

El deseo de seguridad esclaviza la voluntad convirtiéndola en una prisión de auto-barreras definitivas, dentro de las cuales se esconden todas las miserias humanas.

El miedo trae toda clase de complejos de inferioridad. El miedo a la muerte hace que los hombres se armen, y que unos a otros se asesinen. El hombre que carga revólver al cinto es un cobarde, un miedoso. El hombre valeroso no carga armas porque no le tiene miedo a nadie.

El miedo a la vida, el miedo a la muerte, el miedo al hambre, el miedo a la miseria, el miedo al frío y a la desnudez, engendran toda clase de complejos de inferioridad. El miedo conduce a los hombres a la violencia, al odio, a la explotación, etc.

La mente de los hombres vive de cárcel en cárcel, y cada cárcel es una escuela, una religión, un concepto errado, un prejuicio, un deseo, una opinión, etc.

La mente humana debe aprender a fluir seriamente, en forma integral, sin el proceso doloroso de los razonamientos que la dividen con el batallar de las antítesis.

La mente debe volverse como un niño para que pueda servir de instrumento al Intimo.

Debemos vivir siempre en el presente porque la vida es tan sólo un instante eterno.

Debemos liberarnos de toda clase de preconceptos y deseos. Debemos movernos únicamente bajo los impulsos del Intimo. La codicia, la ira, la lujuria, tienen su guarida en la mente. La codicia, la ira, la lujuria, conducen a las almas al Avitchi.

El hombre no es la mente. La mente es tan sólo uno de los cuatro cuerpos de pecado. Cuando el hombre se identifica con la mente va al abismo.

La mente es tan sólo un pollino en el que debemos montar para entrar en la Jerusalén celestial en Domingo de Ramos.

Cuando la mente nos asedie con representaciones inútiles, hablémosle así: ¡Mente, retírame estas representaciones, no te las acepto, tú eres mi esclava y yo soy tu señor!

Cuando la mente nos asedie con representaciones de odio, miedo, cólera, apetencias, codicia, lujuria, etc., hablémosle así: ¡Mente, retírame estas cosas, no te las acepto, yo soy tu amo, yo soy tu señor y tú debes obedecerme porque eres mi esclava hasta la consumación de los siglos!

Ahora necesitamos hombres de thelema, hombres de voluntad que no se dejen esclavizar por la mente.

CAPITULO IV

EL INTELECTO

Lo que se estudia hay que volverlo conciencia mediante la meditación espontánea, de lo contrario destruye el intelecto.

Hay que practicar la *meditación integral*, no dividida, y a la hora que le nazca a uno. La meditación no debe ser mecánica.

Hay que lograr el equilibrio matemático entre el Ser y el Saber: 20+20 =40; 40-20=20.

El intelectual sólo ve las cosas por sus teorías. Existen dos clases de intelecto, el *intelecto sensual* comunmente conocido y el intelecto que es dado por el Ser y que es un *intelecto consciente.*

Hay grados en la razón objetiva del Ser y se miden según el número de tridentes en los cuernos de Lucifer.

Cuando se abre la mente interior no se necesita verbalizar teorías, hipótesis y preconceptos.

La ciencia subjetiva es la de los que están encerrados en la mente sensual y que viven dentro de las suposiciones. (Véase el capítulo XII de «La Gran Rebelión» del mismo Autor.)

La Ciencia Pura sólo está al alcance de los que tienen

la mente interior y de los que se desenvuelven entre triángulos, octágonos y escuadras...

LA INTELIGENCIA

No hay que confundir a la inteligencia con la mente. En toda mente existe cierta suma de valores inteligentes.

No necesitamos buscar fuera de sí mismos los valores inteligentes, éstos están dentro de nosotros mismos.

Los valores inteligentes de todo ser humano no cambian ni se agotan. La reserva de inteligencia es una constante.

Cuando aparece un valor Positivo, de hecho es recibido alegremente por la inteligencia.

Necesitamos de una nueva pedagogía revolucionaria, cuyo único objetivo sea hacernos conscientes de lo que ya sabemos.

Identificación, valores e imagen. Identificarse, imaginarse y valorarse exactamente resulta impostergable cuando queremos hacer un inventario de nosotros mismos.

INTELECCION ILUMINADA

Quienes llegan a desintegrar los cadáveres del ego obtienen la *intelección iluminada.*

Intelección iluminada es el intelecto puesto al servicio del espíritu.

Jesús, el Cristo, tuvo intelección iluminada, puso su intelecto al servicio del espíritu.

El gran error de los materialistas consiste, precisamente, en creer que la Realidad necesita de los fenómenos físicos, pero su «realidad», al fin y al cabo, es fruto del intelecto materialista y no de la intelección iluminada.

Tanto lo físico como lo espiritual son energía y por esto es tan real el espíritu como la materia.

La materia es tan sagrada como el espíritu. Mientras el intelecto materialista no se convierta en *intelección iluminada* mediante la Revolución de la Dialéctica, no se podrá comprender que lo material y lo espiritual se comportan en forma correlacionada y dialécticamente.

EL TIEMPO

El tiempo es vida, el que no depende del tiempo controla la vida.

El correr de la existencia se presenta de muy escasa duración para dejarlo transcurrir dentro de la pequeñez.

La brevedad de la vida es motivo suficiente para alentarnos a engrandecerla con la Revolución Integral.

Con la inteligencia, debemos aprovechar al máximo el tiempo vital para que alargue su cortedad, no empequeñeciéndolo con las obras torpes y mezquinas del Ego.

CAPITULO V

LA COMPRENSION

En ese mundo, en el de la *comprensión,* todo es abstracto y aparentemente incoherente. Esto de la incoherencia es cuando se dan los primeros pasos en el *mundo de la comprensión.*

La mente y el universo psicológico se encuentran en un gran caos y por eso no hay concatenación de ideas, sentimientos, etc.

En los 49 niveles del subconsciente se encuentran gran cantidad de archivos con poderosa información, pero, lastimosamente, en desorden y anarquía.

Cuando se trabaja en el mundo de la comprensión, las imágenes y palabras surgen en forma de *koanes.*

En los primeros trabajos sobre la comprensión de los defectos se hace necesaria la ayuda del sueño. En esta acción comprensiva se llega a niveles confusos, donde las imágenes no tienen coherencia y donde el color aún no posee nitidez, es decir, no posee mucho brillo.

Uno de los principales obstáculos en la comprensión de un defecto es el de no poder fijar el *elemento psicológico en* estudio, porque la mente tiende a la distracción.

En el mundo de la comprensión, cuando se trata de trabajar sobre un yo, todo se torna obscuro, no se puede ver absolutamente nada y la conciencia pierde, por momentos, su lucidez, cayendo rápidamente en la fascinación.

La corriente de pensamiento y sentimientos es óbice para llegar a comprender un defecto.

Al nosotros querer comprender un yo, caemos en un *vacío obscuro,* en una especie de amnesia en la que no sabemos qué es lo que estamos haciendo, quiénes somos y dónde estamos.

La fuerza de Eros y la Energía Creadora son los ayudantes más perfectos para la *cornprensión.*

La Energía Creadora, transmutada o sublimada durante la magia sexual -sin eyaculación de la entidad del semen-, abre los 49 niveles del subconsciente, haciendo salir de ellos todos los *yoes* que tenemos escondidos. Estos agregados psíquicos surgen en forma de drama, comedia, película, y a través de símbolos y parábolas.

Escrito está que la clave de la comprensión se encuentra en estas tres llaves psicológicas: *imaginación, inspiración* e *intuición.*

IMAGINACION

Para el sabio imaginar es ver. La imaginación es el translúcido del alma.

Para lograr la imaginación se necesita aprender a concentrar el pensamiento en una sola cosa. Aquél que aprende a concentrar el pensamiento en una sola cosa hace maravillas y prodigios.

El gnóstico que quiera alcanzar el *Conocimiento Imaginativo* debe aprender a concentrarse y saber meditar. El gnóstico debe provocar el sueño durante la práctica de meditación.

La meditación debe ser correcta. La mente debe ser exacta. Se necesita el pensamiento lógico y el concepto exacto a fin de que los sentidos internos se desarrollen absolutamente perfectos.

El gnóstico necesita mucha paciencia porque cualquier acto de impaciencia lo lleva al fracaso.

En el camino de la Revolución de la Dialéctica se necesita paciencia, voluntad y fe absolutamente consciente.

Un día cualquiera, entre sueños, surge durante la meditación un cuadro lejano, un paisaje, un rostro, un número, un símbolo, etc., ésta es la señal de que ya se está progresando.

El gnóstico se eleva poco a poco hacia el *Conocimiento Imaginativo*. El gnóstico va rasgando el velo de Isis poco a poco.

El que despierta la consciencia ha llegado al *Conocimiento imaginativo y* se mueve en un mundo de imágenes simbólicas.

Aquellos símbolos que veía cuando soñaba, cuando trataba de comprender el ego durante la meditación, ahora los ve sin soñar; antes los veía con la conciencia dormida, ahora se mueve entre ellos con conciencia de vigilia aunque su cuerpo esté profundamente dormido.

INSPIRACION

Al llegar al *Conocimiento Imaginativo,* el gnóstico ve los símbolos pero no los entiende..., comprende que toda la naturaleza y *el ego* son una escritura viviente que él no conoce. Necesita entonces, elevarse al *Conocimiento Inspirado* para interpretar los símbolos sagrados de la naturaleza y el lenguaje abstracto del *ego.*

El Conocimiento Inspirado nos confiere el poder de interpretar los símbolos de la naturaleza y el lenguaje confuso del *ego.*

La interpretación de símbolos es muy delicada. Los símbolos deben ser analizados fríamente, sin superstición, malicia, desconfianza, perorgullo, vanidad, fanatismo, prejuicios, preconceptos, odio, envidia, codicia, celos, etc., ya que todos esos factores son del *yo.*

Cuando el yo interviene traduciendo e interpretando símbolos, entonces altera el significado de la escritura secreta y el de la orientación que nos quiere dar simbólicamente el Ser sobre nuestro estado psicológico interior.

La interpretación debe ser tremendamente analítica, altamente científica y esencialmente mística. Hay que aprender a *ver* y a *interpretar* en ausencia de la *catexis suelta.* -el *ego,* el mí mismo-.

Hay que saber interpretar los símbolos de la naturaleza y los de la *catexís ligada,* el Ser, en ausencia absoluta del *yo.* Empero, se debe multiplicar la auto-crítica, porque cuando el *yo* del gnóstico cree que sabe mucho, entonces se siente a sí mismo infalible y sabio, y hasta supone que ve e interpreta en ausencia del yo.

Hay que saber interpretar basándonos en la Ley de las Analogías Filosóficas, en la Ley de las Correspondencias y Kábala Numérica. Nosotros recomendamos la Kábala Mistica de Dion Fortune y mi libro titulado Tarot y Kábala, estudiadlos.

Aquél que tiene odios, resentimientos, celos, envidias, orgullo, etc. no logrará elevarse hasta *el Conocimiento inspirado.*

Cuando nos elevamos al *Conocimiento Inspirado,* entendemos y comprendemos que la acumulación accidental de objetos no existe. Realmente, todos los fenómenos psicológicos de la naturaleza y de todos los objetos, se hallan íntimamente ligados orgánicamente entre sí, dependiendo internamente unos de otros y condicionándose entre sí mutuamente. Realmente, ningún fenómeno psicológico y de la naturaleza, puede ser comprendido integralmente si lo consideramos aisladamente.

Todo está en incesante movimiento, todo cambia, nada está quieto. En todo objeto existe la lucha interna. El objeto es positivo y negativo a la vez, Lo cuantitativo se transforma en cualitativo.

El Conocimiento Inspirado nos permite conocer la interrelación entre lo que ha sido, lo que es y lo que será.

La materia no es sino energía condensada. Las infinitas modificaciones de la energía son absolutamente desconocidas tanto para el Materialismo histórico como para el Materialismo dialéctico.

Energía es igual a masa por la velocidad de la luz al cuadrado. Nosotros, los gnósticos, nos apartamos de la lucha antitética que existe entre la Metafísica y el Materialismo dialéctico. Esos son los dos polos de la ignorancia, las dos antítesis del error.

Nosotros vamos por otro camino, somos gnósticos, consideramos la vida como un todo. El objeto es un punto en el espacio que sirve de vehículo a determinadas sumas de valores.

El Conocimiento Inspirado nos permite estudiar la íntima relación existente entre todas las formas, los valores psicológicos y la naturaleza.

El Materialismo dialéctico no conoce los valores, sólo estudia el objeto. La Metafísica no conoce los valores ni tampoco conoce el objeto.

Nosotros, los gnósticos, nos apartamos de la dos antítesis de la ignorancia y estudiamos al hombre y a la naturaleza integralmente, buscando la Revolución integral.

El gnóstico que quiere llegar al *Conocimiento Inspirado,* debe concentrarse profundamente en la música. La Flauta Encantada de Mozart, que nos recuerda una iniciación egipcia; las Nueve Sinfonías de Beethoven y muchas otras grandes composiciones clásicas, entre ellas, el Parsifal de Wagner, nos elevarán al *Conocimiento Inspirado.*

El gnóstico, concentrado profundamente en la música, deberá absorberse en ella como la abeja en la miel, producto de todo su trabajo.

Cuando ya el gnóstico ha llegado al *Conocimiento Inspirado,* debe entonces prepararse para *el Conocimiento Intuitivo.*

INTUICION

El mundo de las intuiciones es el mundo de las matemáticas. El gnóstico que quiera elevarse al mundo de la intuición debe ser matemático, o por lo menos, tener nociones de Aritmética.

Las fórmulas matemáticas confieren el *Conocimiento Intuitivo*. Las fórmulas de Kepler y de Newton pueden servir para ejercitarnos en el desarrollo del Conocimiento Intuitivo.

Si el gnóstico practica con tenacidad y suprema paciencia, su propio Ser interno, *catexis ligada,* le enseñará e instruirá en la Gran Obra; entonces, estudiará a los pies del Maestro, se elevará al Conocimiento Intuitivo.

Imaginación, Inspiración e Intuición, son los tres pasos *obligatorios* de la Revolución de la Dialéctica. Aquél que ha seguido los tres pasos del *Conocimiento Directo* ha logrado la Supraconciencia.

En el mundo de la intuición sólo hallamos la *omnisciencia.* El mundo de la intuición es el mundo del Ser, es el mundo del Intimo.

En ese mundo no puede entrar el *yo, el ego, la catexis suelta.* El mundo de la intuición es el mundo del Espíritu Universal de Vida.

LOS PROBLEMAS HUMANOS

El intelecto luciférico, astuto y repugnante, crea problemas pero no es capaz de resolverlos.

Existen cantidad de teorías que nada resuelven y todo lo complican. Los problemas vitales de la existencia continúan como siempre y el mundo se encuentra muy cerca de la Tercera Guerra Mundial.

El animal intelectual, falsamente llamado hombre, se siente muy orgulloso de su *razonamiento subjetivo y miserable* que nada resuelve y todo lo complica.

El tremendo batallar del pensamiento ha demostrado, en la práctica, ser precisamente el menos indicado para resolver problemas.

Lo que sí abunda mucho en esta época de crisis mundial son los «sabihondos» que todo lo quieren resolver y nada resuelven.

Los «sabihondos» dañan los frutos de la tierra con sus injertos absurdos, infectan a los niños con sus vacunas de tuberculosis, poliomielitis, tifus, etc. Todo lo saben los «sabihondos» y nada saben; causan daño con todo lo creado por ellos y presumen de sapientes. *La mente crea problemas que no es capaz de resolver, ése es un juego de mal gusto.*

Hoy como ayer, el pobre bípedo humano, el pobre simio miserable, no es más que un juguete mecánico movido por fuerzas que desconoce.

Cualquier acontecimiento cósmico, cualquier catástrofe sideral, determina ondas de cierto tipo que al ser captadas por el infeliz animal llamado hombre, se convierten en guerras mundiales. Millones de máquinas humanas que se lanzan inconscientemente a la estúpida tarea de destruir otras tantas millonadas de máquinas humanas.

Lo cómico y lo trágico siempre andan juntos, y lo cómico de este caso, son las banderas y lemas y toda clase de frases inventadas por todas esas máquinas inconscientes. Dicen que van a la guerra para defender la democracia, la libertad, la patria, etc.

Ignoran los grandes pensadores, ignoran las prostitutas de la inteligencia, conocidas en el mundo como periodistas, que estas guerras son el resultado de ciertas ondas cósmicas en acción y que los ejércitos en el campo de batalla se mueven como muñecos automáticos bajo el impulso dinámico de esas fuerzas desconocidas.

Ningún problema fundamental ha sido resuelto por el pensamiento de estos pobres animales intelectuales. El intelecto es la facultad que nos permite comprender que todo es incomprensible.

Los grandes intelectuales han fracasado totalmente como lo está demostrando hasta la saciedad el estado catastrófico en que nos encontramos... ¡Señores intelectuales, ahí tenéis vuestro mundo, el mundo caótico y miserable que vosotros habéis creado con todas vuestras teorías! Los hechos están hablando: ¡Habéis fracasado orgullosos intelectuales!

El batallar de los razonamientos es *egocentrismo* en su naturaleza íntima. Nosotros necesitamos de una nueva facultad que no sea egocéntrica.

Necesitamos que pase la batalla y que el pensamiento quede quieto y sereno; esto sólo es posible comprendiendo muy a fondo todo el mecanismo de la *razón subjetiva y miserable.*

En la serenidad del pensamiento nace en nosotros una nueva facultad, el nombre de dicha facultad es *intuición.* Sólo la *intuición* puede resolver problemas.

Es obvio que si queremos desarrollar esta nueva facultad necesitamos primero comprender a fondo ese complicado mecanismo asociativo de la *razón subjetiva.* El centro básico de la mecánica razonativa es el *yo psicológico.* Dicho centro es egoísta, y por ello jamás puede resolver problemas.

La intuición nada tiene que ver con ese centro básico del Razonamiento, la *intuición* es Cristo-céntrica.

Todo problema ha sido creado por la mente y existe mientras la mente lo sostenga. Todo problema es una forma mental que la mente sostiene. Toda forma mental tiene un triple proceso: *surgimiento, subsistencia y disipación.*

Todo problema surge, subsiste y luego se disipa. El problema surge porque la mente lo crea, subsiste mientras la mente no lo olvide y se disipa o disuelve cuando la mente lo olvida.

Cuando el pensamiento cesa, nace en nosotros la beatitud y después la iluminación. Antes de llegar a la iluminación debemos pasar por la beatitud. Son tres las fases de transformación: *No pensamiento, beatitud, iluminación.* La intuición es iluminación. Todo iluminado resuelve los más difíciles problemas.

Realmente, los problemas dejan de existir cuando los olvidamos. No debemos tratar de resolver problemas, debemos disolverlos. Ellos se disuelven cuando se olvidan. El problema es una forma mental ultrasensible con dos polos, uno positivo y otro negativo.

No tenga usted miedo, olvide el problema, así se disolverá el problema. ¿Sabe usted jugar ajedrez? Una partida de ajedrez no le resultaría mala para olvidar el problema, o tómese un café o un buen té y luego váyase a una alberca a nadar, o suba a una montaña y ríase un poco, reír le sienta bien y hace que olvide el problema. En cualquier instante, una corazonada y quedó resuelto el problema; tal vez la solución no sea de su gusto pero lo cierto es que se resolvió el problema, o mejor dijéramos, se disolvió.

Un sabio dijo: *«Ocúpate de la cosa antes de que llegue a existir, allí esta la solución. Porque el problema, no lo olvidemos, ha nacido y tiene su existencia en la mente. Llueve y usted ha dejado su paraguas en casa, esto no es problema en sí mismo, tampoco el hecho de que tenga deudas, haya perdido su trabajo y se le apremie para que pague. Estos hechos son relativamente ciertos en un mundo relativo, pero los problemas son algo que usted, por lo tanto, debe matar antes de que nazcan o solucionarlos más tarde recordando que cuanto más tiempo dejemos pasar mayor será el gigante que debemos abatir.»*

El miedo es nuestro peor enemigo. Al demonio del miedo no le gusta que nosotros resolvamos problemas. ¿Tiene Ud. miedo de que lo lancen a la calle por no tener dinero para pagar el alquiler de la casa? ¿Y si lo lanzan? ¿Qué? ¿Sabe Ud., acaso, qué nuevas puertas se le abrirán? La *intuición* sí lo sabe y por ello es que el intuitivo no tiene miedo. La *intuición* disuelve problemas.

LOS ESTADOS DEL EGO

Los estados del *ego* se encuentran clasificados de la siguiente forma:

ESTEREOPSIQUICOS: Son los estados *identificativos* que se encuentran íntimamente relacionados con las percepciones exteriores que se reciben a través de los cinco sentidos y que están vinculados con el mundo de las impresiones.

NEOPSÍQUICOS: Son los estados *procesadores* de datos, es decir, los que bien interpretan o mal interpretan todas las múltiples situaciones que vive el animal intelectual. En estos estados trabaja nuestra mala secretaria que es la personalidad.

ARQUEOPSÍQUICOS: son los estados *regresivos* –memoria del ego- que se encuentran a los 49 niveles del subconsciente. Son los recuerdos del pasado que están archivados en forma *fotográfica* y *fonográfica*.

CAPITULO VI

UNA APUESTA CON EL DIABLO

Napoleón hubiera sucumbido contra el Diablo. Una cosa es estar en el campo de batalla contra otros machos y otra cosa es la lidia contra uno mismo.

El Satán es un enemigo de oro, y es muy útil. El Diablo es escalera para bajar y es también escalera para subir.

Los Doce Trabajos de Hércules son con el Diablo. El pacto con el Diablo es la misma apuesta, y el triunfo, es la capacidad de fabricar el oro.

La fuerza eléctrica es la cruz en movimiento o swástica, es el movimiento continuo. La electricidad trascendente que gira como un torbellino me ha servido para formar el Movimiento Gnóstico.

La cruz en los profanos y profanadores no es una swástica porque terminada la cópula química termina el movimiento. En cambio, en la cruz gnóstica, no termina el movimiento porque continúa la electricidad transmutándose.

Lo normal en el trabajo sexual debe ser como mínimo una hora.

En la India se mide el grado de cultura de acuerdo al tiempo que se realice la cópula química; el que dure tres pantalla del intelecto.

Es perentorio convertirnos en vigías de nuestra propia mente durante cualquier actividad agitada, y detenernos por un instante para observarla.

4. PSICOANÁLISIS: Indagar, inquirir, investigar la raíz y el origen de cada pensamiento, recuerdo, afecto, emoción, sentimiento, resentimiento, etc., conforme van surgiendo en la mente.

Durante el psicoanálisis se deberá examinar, aniquilar e inquirir sobre el origen, causa, razón o motivo fundamental de todo pensamiento, recuerdo, imagen y asociación, conforme van surgiendo desde el fondo del subconsciente.

5. MANTRALIZACIÓN O KOAN: Los objetivos de esta etapa son: a) Mezclar dentro de nuestro universo interior las fuerzas mágicas de los mantras o koanes. b) Despertar conciencia. c) Acumular íntimamente átomos crísticos de altísimo voltaje.

En este trabajo psicológico el intelecto debe asumir un estado receptivo, íntegro, *uni-total*, pleno, tranquilo y profundo. Con los koanes o frases que descontrolan a la mente se logra el estado receptivo *uni-total*.

6. ANÁLISIS SUPERLATIVO: Consiste en un conocimiento introspectivo de sí mismos. Introvertirnos es indispensable durante la meditación de fondo.

En este estado se trabajará en el proceso de la comprensión del *yo* o defecto que se quiere desintegrar. El estudiante gnóstico se concentrará en el agregado psicológico y lo mantendrá en la pantalla de la mente. Ante todo, es indispensable ser sincero consigo mismo.

El análisis superlativo consta de dos fases, que son:

a) *Auto-exploración*: Indagar en lo profundo de la conciencia y en los 49 niveles del subconsciente cuándo fue la primera vez en la vida que se manifestó el defecto, cuándo la última y en qué momentos es que tiene más fuerza para manifestarse.

b) *Auto descubrimiento:* Investigar cuáles son los alimentos del *yo*. Fraccionar y dividir al defecto en varias partes y estudiar cada una de éstas para lograr conocer de qué clase de yoes proviene y que clase de yoes derivan de él.

7. AUTO-JUICIO: Sentar al defecto en estudio en el banquillo de los acusados. Traer a juicio los daños que ocasiona a la conciencia y los beneficios que traería a nuestra vida la aniquilación del defecto que se está juzgando.

8. ORACIÓN: A la Divina Madre Kundalini, la Madre interior e individual, se le pedirá con mucho fervor. Se le hablará con franqueza e introvertiendo todos los defectos y fallas que tenemos para que Ella, que es la única capaz de desintegrar los yoes, los desintegre hasta su misma raíz.

Resulta agradable e interesante asistir, cada vez que se pueda, a las Salas de meditación –Lumisiales gnósticos-

Es imprescindible practicar la meditación siempre con los ojos cerrados a fin de evitar las percepciones sensoriales externas.

ella. Así también procederá el hombre con los agregados psíquicos de su mujer, tomándolos como propios.

La totalidad de las fuerzas del hombre y de la mujer, durante la cópula metafísica, debe dirigirse, ya hacia los agregados psíquicos del hombre, ya hacia los de la mujer, así acabaremos con el ego.

Esta es la clave de la super-dinámica sexual: conexión del lingam-yoni, sin eyaculación de la entidad del semen, dirigiendo las tres fuerzas contra cada agregado psíquico.

No olvidemos que durante el coito químico, el hombre y la mujer unidos, son en verdad un andrógino divino, omnipotente y terrible.

EL MERCURIO

Quien posea el Mercurio de los Sabios conseguirá la *Liberación final.* No sería posible lograr la Piedra Filosofal si no se llega primeramente a conocer a sí mismo.

La preparación del Mercurio suele ser difícil. El Mercurio resulta de la transformación del *Exiohehari o Azogue en bruto.*

El Azogue en bruto representa al Esperma Sagrado. Son muchos los minerales que se convierten en Mercurio mas no todos pueden convertirse en éste.

La preparación del Mercurio es similar a la asimilación de los alimentos.

El Mercurio Seco, la Contratransferencia, el Ego, debe ser eliminado si es que en verdad queremos un Mercurio limpio y puro para la Gran Obra.

Veinte es la media diferencial matemática de dos cantidades. Si no se elimina el Mercurio Seco no puede existir la «media diferencial».

Hay que pasar psicológicamente por las etapas de *tierra, agua, aire y fuego.*

Mediante la eliminación y comprensión psicológica del Mercurio Seco se logra refinar el *Sacramento de la Iglesia de Roma.*

La Rosa ígnea interior, impregnada del *Azufre -fuego-,* asciende gloriosamente por la medula espinal dándonos la comprensión o luz para comprender los mecanismos del *ego.*

PSICOGENESIS

Nuestra civilización, en apariencia tan brillante por la conquista del espacio y la penetración en la materia, está carcomida por la *lepra* de una ética decadente de homosexualismo, lesbianismo y drogadicción.

Esta civilización ha entrado en la etapa de involución para liquidarse como ha ocurrido en otras civilizaciones. Nos lo muestra el testimonio histórico de la orgullosa e imperial Roma, donde los siglos de involución surgieron cuando a la grandeza de una nación austera y moral le sucedieron cambios radicales que le hundieron en el vicio habiendo sido una comunidad conquistadora del mundo antiguo.

¿En que me baso? ¡En hechos claros y contundentes! Una gran cultura como la inglesa ahora sólo exporta una *lepra psicológica* que contamina mentalmente a las generaciones de estas épocas. El grupo inglés Sex Pistols, quienes son capaces de hacer todo lo contrario a los establecido, pero negativamente, para aparecer como sobresalientes figuras, son creadores del Punk Rock y forjadores de canciones plagadas de malas palabras, temas que emplean para el ataque directo, no solamente contra las instituciones sino hasta contra el mismo público que los escucha con su conciencia dormida.

La mugre es la bandera del Sex Pistols, subjetivo mensaje que le entregan a esta pobre humanidad que está podrida hasta el tuétano.

Sex Pistols es un grupo agresivo, abusa en todo cuanto señala como la religión del Punk Rock. Canciones contra el amor plenas de cinismo, contra la represión y la agresión, creadas por cuatro jóvenes de la clase obrera inglesa que están en contra del elitismo. Resulta absurdo que estos animales intelectuales puedan crear una religión olvidándose que la palabra religión viene del griego: *religare*, que significa *unión con la Divinidad*. Pero, ¿Qué clase de divinidad tienen estas gentes degeneradas y que los jóvenes los adoran en su hipnosis como si fueran gran cosa?

Esa corriente musical mostrada por el Sex Pistols crea el ambiente más infernal de la actual existencia; afirmando esto por cientos de jóvenes metidos en la más profunda ignorancia espiritual y psicológica que participan en esas audiciones del One Hungred Club de Londres.

La onda Punk avanza pese a la oposición y en innumerables revistas internacionales ya aparece la subjetiva moda. Ropa hecha jirones, desechos de cuanto material existe los emplean de adorno, pelo corto y pintado de varios colores, camisas y playeras con leyendas en contra de todo. Esta es una muestra clara de los síntomas de la lepra psicológica que tiene la humanidad y que la tiene tan podrida.

En muchos de sus "encuentros", la agresividad física -ira- se pone de moda. Con enorme facilidad se lanzan improperios y hasta botellazos que salen del mismo escenario del Sex Pistols, lo que muchas veces termina en trifulca, y de ahí hasta la cárcel y hasta los hospitales. Con toda esta verborrea insultante y lanzamiento de proyectiles aparecen cientos de jovencitos ingleses gritando que aman a los Sex Pistols porque son lo máximo, como ya ocurrió en algunas audiciones del Paradise Club en la Brewer St.

Curiosamente, al conjunto Sex Pistols lo encabeza Jhonny Roten –Juanito Podrido-, el líder que jamás cantó antes; Sid Vicious –Sid Vicioso-, Paul Cook –Pablo Gallo- y

CAPITULO VII

EDUCACION FUNDAMENTAL

Jamás me cansaré de enfatizar que los sistemas académicos y educativos de estos tiempos degenerados sólo sirven para adulterar los auténticos *valores del Ser.*

Los hechos han venido a demostrar que tengo la razón. Cada año escolar, aproximadamente 500 niños germano occidentales se suicidarán, según las estadísticas de años previos.

Se estima que 14,000 adolescentes tratarán de quitarse la vida y un alto número de ellos -1 de cada 3 estudiantes menores a los 16 años- tendrán severos síntomas de tensión causados por lo que los alemanes denominan *schulangst, que* significa *ansiedad escolar aguda.*

Las presiones y tensión de la escuela, misma que algunos niños encuentran que no pueden combatir, son responsables de una de las más graves situaciones que afrontan los jóvenes.

La schulanqst parece ser un fenómeno social más, el resultado de un sistema escolar altamente competitivo, no solamente en Alemania sino en todos los países del mundo, mezclado con el alto desempleo y una sociedad jerárquica que venera los tontos títulos académicos como contraseña para obtener empleos altamente remunerados y como

LA TRANSFORMACION DE LAS IMPRESIONES

Vamos a hablar de la transformación de la vida y esto es posible si uno se lo propone profundamente.

Transformación, significa que una cosa cambia en otra cosa diferente. Es lógico que todo es susceptible a cambios.

Existen transformaciones muy conocidas en la materia. Nadie podría negar, por ejemplo, que el azúcar se transforme en alcohol y que este se convierte en vinagre por la acción de los fermentos. Esta es la transformación de una sustancia molecular. Uno sabe de la vida química de los elementos, por ejemplo, el radio se transforma lentamente en plomo.

Los alquimistas de la Edad Media hablaban de la transmutación del plomo en oro. Sin embargo, no siempre hacían alusión a la cuestión metálica meramente física. Normalmente querían indicar con tal palabra, la transmutación del plomo de la personalidad en el oro del espíritu. Así pues, conviene que reflexionemos en todas estas cosas.

En los evangelios, la idea del hombre terrenal, comparable éste con una semilla capaz de crecimiento, tiene la misma significación que la idea del renacimiento del hombre que nace otra vez. Es obvio que si el grano no muere la planta no nace. En toda transformación existe muerte y nacimiento.

En la Gnosis consideramos al hombre como una fábrica de tres pisos que absorbe normalmente tres alimentos.

El alimento común que se corresponde con el piso inferior de la fábrica, a la cuestión ésta del estómago. El aire, que naturalmente está en relación con el segundo piso, con los pulmones. Y las impresiones, que indubitablemente están asociadas con el tercer piso o cerebro.

El alimento que comemos sufre sucesivas transformaciones, esto es incuestionable. El proceso de la vida, en sí misma y por sí misma, es la transformación. Cada criatura del universo vive mediante la transformación de una sustancia en otra. El vegetal, por ejemplo, transforma el agua, el aire y las sales de la tierra en nuevas substancias vegetales vitales, en elementos útiles para nosotros, como son las nueces, las frutas, las papas, el limón, etc. Así pues, todo es transformación.

Por la acción de la luz solar varían los fermentos de la naturaleza. Es incuestionable que la sensible película de la vida, que normalmente se extiende sobre la faz de la tierra, conduce a toda la fuerza universal hacia el interior mismo del mundo planetario. Pero cada planeta, cada insecto, cada criatura y el mismo animal intelectual equivocadamente llamado hombre, absorbe, asimila determinadas fuerzas cósmicas y luego las transforma como también las transmite inconscientemente a las capas inferiores del organismo planetario. Tales fuerzas transformadas se hallan íntimamente relacionadas con toda la economía del organismo planetario en que vivimos. Indubitablemente, cada criatura, según su especie, transforma determinadas fuerzas que luego transmite al interior de la tierra para la economía del mundo. Así pues, cada criatura que tenga existencia cumple las mismas funciones.

Cuando comemos un alimento necesario para nuestra existencia, este es transformado, claro esta en etapa tras etapa, en todos esos elementos tan indispensables para nuestra misma existencia. ¿Quién realiza dentro de nosotros esos procesos de transformación de las sustancias?. El

LA TELEVISION

En la vida, lo importante es no llenarse la mente de ideas ajenas que se ven en la televisión, puesto que con el tiempo se convierten en *efigies.*

Las imágenes que se ven en la televisión se reproducen en la mente, transformándose en *representaciones* que llegan a tomar realidad psicológica.

Es necesario tener la mente limpia para que el Ser pueda oficiar en nuestro universo psicológico libre de los grilletes del *ego.*

Los que buscan la Revolución Integral pueden ver películas útiles que se relacionen con la naturaleza, con la realidad palpable, para que consigan beneficios objetivos para la conciencia superlativa del Ser.

LA MUSICA ULTRAMODERNA

La música moderna no tiene ni armonía, ni melodía auténtica, al igual que carece de ritmo preciso.

La música moderna la considero inarmónica, con una clase de sonidos estridentes perjudiciales para todos los cinco cilindros de la máquina humana.

La música de tipo «ultramoderno» daña el sistema nervioso y altera todos los órganos de la fisiología humana. La música moderna no guarda concordancia con las melodías del Infinito.

Si se destruye el *ego,* se vibrará con la música cósmica y con la del mundo de las esferas.

La música romántica está relacionada con las cosas del tiempo y es ¡ilusoria!

La música clásica nos lleva a la comunión con lo inefable que no es del tiempo y que es lo ¡eternal!.

se llama mundo físico?. Claro que no, absolutamente no.

La vida nos llega en forma de impresiones y es allí, precisamente, donde existe la posibilidad de trabajar sobre nosotros mismos. Ante todo, ¿Qué debemos hacer?. Hay que comprender el trabajo que debemos hacer. ¿Cómo podríamos lograr una transformación psicológica de sí mismos?. Pues efectuando un trabajo sobre las impresiones que estamos recibiendo a cada instante, a cada momento. Este primer trabajo recibe el nombre de *Primer Choque Consiente*. Este se relaciona con estas impresiones que son todo cuanto conocemos del mundo exterior. ¿Qué tamaño tienen las verdaderas cosas, las verdaderas personas?.

Necesitamos transformarnos internamente cada día. Al querer transformar nuestro aspecto psicológico necesitamos trabajar sobre las impresiones que entran a nosotros.

¿Por qué llamamos al trabajo sobre la transformación de las impresiones, el *Primer Choque Consciente*?. Porque el "choque" es algo que no podríamos observar en forma meramente mecánica. Esto jamás podría hacerse de manera mecánica, se necesita un esfuerzo auto-consciente. Es claro que cuando se comience a comprender este trabajo, se comenzará a dejar de ser el hombre mecánico que sirve a los fines de la naturaleza.

Si se piensa ahora en todo el significado de todo cuanto se les enseña aquí, por vías del esfuerzo propio, empezando por la observación de sí mismos, verán que en el lado práctico del trabajo esotérico todo se relaciona íntimamente con la transformación de las impresiones y lo que resulta naturalmente de las mismas.

magnética con el propósito de que no sea modificado el sendero cósmico que lleva, origina idéntica tensión en todos los planteas del Sistema Solar de Ors, incluyendo nuestro planeta Tierra. Este es el *Solioonensius* cósmico, la gran ley que actúa en nuestra Tierra a muy largos intervalos.

Normalmente, esta gran ley produce religiosidad intensa y anhelo profundo de Autorrealización íntima, pero cuando la humanidad no está preparada psicológicamente para la acción de ésta ley, el resultado suele ser catastrófico.

En el año 1917, la mencionada ley cósmica se manifestó intensamente, pero como el proletariado ruso estaba lleno de profundos resentimientos y amarguras, el *Solioonensius* se combinó en forma anormal y negativa con la psiquis de cada individuo. El resultado de esa combinación negativa fue la Revolución Bolchevique.

Ya hacía tiempo que venía Rusia preparándose psicológicamente para esta revolución sangrienta. La Revolución Bolchevique fue ciertamente el resultado de una pésima combinación del *Solioonensius* con la idiosincrasia psicológica de cada individuo. Una de las características de ésta ley en acción es el anhelo de libertad.

Sin embargo, hubieron en Rusia, por esa época de la Revolución Bolchevique, unas cuantas personas que supieron aprovechar, inteligentemente el *Solioonensius* para desarrollar la Raza Objetiva, la Auto-conciencia individual y la Revolución de la Dialéctica que también surgirá por estos tiempos.

Ya han pasado muchos años y no sabemos todavía cuándo vuelva el *Solioonensius*, lo que sí sabemos es que debemos prepararnos psicológicamente para recibirlo en forma inteligente y lograr, con la ayuda del mismo, la Revolución

Integral que propongo de manera objetiva en este Tratado.

Es apenas lógico pensar que si el *Solioonensius* nos encuentra sin preparación psicológica, el resultado tiene que ser una catástrofe.

Es bueno grabar en nuestra memoria, y no olvidar jamás, que la Revolución Bolchevique y la Guerra de los Siete Días fueron realmente una catástrofe social.

Nosotros debemos aspirar a realizar sobre la Tierra la Revolución de la Dialéctica, y por ello es necesario prepararse psicológicamente, lo mejor posible. Sería lamentable que el próximo *Solioonensius* nos encontrara sin preparación psicológica de ninguna especie.

En el pasado, cada vez que se manifestó el *Solioonensius* fue catastrófico cuando la humanidad no estuvo preparada. Recordemos el Viejo Egipto, entre dinastía y dinastía hubieron acontecimientos terribles. Dos veces se manifestó el *Solioonensius* en forma catastrófica en el país asoleado de Kem.

En la primera, el pueblo, en sangrienta revolución, eligió gobernantes mediante sangre y muerte. El candidato que tuviera en su "vaso sagrado" mayor cantidad de ojos pertenecientes a la clase de gobernantes legítimamente constituidos, sería electo nuevo gobernante. Es claro que fueron horribles las escenas de semejante revuelta.

En la segunda manifestación de esta ley cósmica, el pueblo egipcio, enfurecido, se levantó contra sus gobernantes y los mató atravesándolos de lado a lado con un cable metálico sagrado. En ese entonces no se respetó sexo ni edad y aquel cable pareció más bien un collar macabro que después fue arrastrado por bestias y arrojado al Nilo.

El *Solioonensius* produce ansias de liberación, revolución de la conciencia, pero cuando el ser humano no está preparado, sólo se le ocurre matar a los gobernantes, asesinar a otros, destronar a los reyes, hacer guerras, etc.

Nosotros debemos prepararnos psicológicamente para el *Solioonensius*, necesitamos hacernos auto-conscientes y realizar sobre la faz de la Tierra la Revolución de la Dialéctica.

LOS PRINCIPIOS RELIGIOSOS

Todas las religiones son piedras preciosas engarzadas en el hilo de oro de la Divinidad.

Las religiones conservan los valores eternos, no existen religiones falsas.

Todas las religiones son necesarias, todas las religiones cumplen su misión en la vida.

Es absurdo decir que la religión del vecino no sirve y que sólo la mía es verdadera. Si la religión del vecino no sirve, entonces la mía tampoco sirve porque los valores son siempre los mismos.

Es estúpido decir que la religión de las tribus indígenas de América es idolatría, entonces ellos también tienen derecho a decir que nuestra religión es idolatría. Y si nosotros nos reímos de ellos, ellos también pueden reirse de nosotros. Y si nosotros decimos que ellos adoran o adoraban ídolos, ellos también pueden decir que nosotros adoramos ídolos.

No podemos desacreditar la religión de otros sin desacreditar la nuestra también, porque los principios son siempre los mismos. Todas las religiones tienen los mismo principios.

Bajo el sol, toda religión nace, crece, se desarrolla, se multiplica en muchas sectas y muere. Así ha sido siempre y así será siempre.

Los principios religiosos nunca mueren. Pueden morir las formas religiosas, pero los principios religiosos, es decir, lo valores eternos, no mueren jamás. Ellos continúan, ellos se revisten con nuevas formas.

La religión es inherente a la vida como la humedad lo es al agua.

Hay hombres profundamente religiosos que no pertenecen a ninguna forma religiosa.

La gente sin religión es conservadora y reaccionaria por naturaleza. Sólo el hombre religioso logra la Revolución de la Dialéctica.

No hay motivo que justifique las guerras religiosas como las de Irlanda. Es absurdo calificar a otros de infieles, herejes o paganos, por el simple hecho de no pertenecer a nuestra religión.

El brujo, que en el corazón de las selvas africanas, ejerce su sacerdocio ante la tribu de caníbales, y el aristócrata arzobispo cristiano que oficia en la Catedral Metropolitana de Londres, París o Roma, se apoyan en los mismos principios, sólo varían las formas religiosas.

Jesús, el Divino Rabí de Galilea, enseñó a todos los seres humanos el camino de la Verdad y la Revolución de la Dialéctica.

La Verdad se hizo carne en Jesús y se hará carne en todo hombre que logre la Revolución Integral.

Si estudiamos las religiones, si hacemos un estudio comparativo de las religiones, en todas ellas encontraremos el culto al Cristo, lo único que varían son los nombres que se le dan al Cristo.

El Divino Rabí de Galilea tiene los mismos atributos de Zeus, Apolo, Krishna, Quetzalcóatl, Lao-Tsé, Fu-Ji –el Cristo chino-, Buddha, etc.

Uno se queda asombrado cuando hace un estudio comparativo de las religiones. Todos estos sagrados personajes religiosos personifican al Cristo nacen el 24 de diciembre a las 12 de la noche.

Todos estos sagrados personajes son hijos de inmaculadas concepciones, todos ellos nacen por obra y gracia del Espíritu Santo, todos ellos nacen en Vírgenes inmaculadas antes del parto, en el parto y después del parto.

La pobre y desconocida mujer hebrea María, madre del Adorable Salvador Jesús, el Cristo, recibió los mismos atributos y poderes cósmicos de la Diosa Isis, Juno, Demeter, Ceres, Vesta, Maia, Adonía, Insoberta, Rea, Cibeles, Tonantzin, etc.

Todas estas deidades femeninas representan siempre a la Madre Divina, el Eterno Femenino Cósmico.

El Cristo es siempre el hijo de la Madre Divina y a ella le rinden culto todas las santas religiones.

María es fecundada por el Espíritu Santo. Cuenta la tradición que el Tercer Logos, en forma de paloma, hizo fecundo el vientre inmaculado de María.

La paloma es siempre un símbolo fálico. Recordemos a Peristera, ninfa del cortejo de Venus, transformada en paloma por el amor.

Entre los chinos, el Cristo es Fu-Ji. El Cristo chino que nace milagrosamente por obra y gracia del Espíritu Santo.

Paseándose una virgen llamada Hoa-Se por la orilla del río, puso su pie sobre la huella del Grande Hombre; inmediatamente se conmovió viéndose rodeada por un resplandor maravilloso y sus entrañas concibieron. Transcurridos doce años, el día cuarto de la décima Luna, a media noche, nació Fu-Ji, llamado así en memoria del río a cuya orilla fue concebido.

En el México Antiguo, Cristo es Quetzalcóatl, quien fuera el Mesías y el transformador de los toltecas.

Estando un día Chimalmán sola con sus dos hermanas, se le apareció un enviado del cielo; las hermanas, al verlo, mueren de espanto. Ella, al oír de boca del ángel que concebiría un hijo, concibió al instante, sin obra de varón, a Quetzalcóatl, el Cristo mexicano.

Entre los japoneses, el Cristo es Amida, quien intercede ante la Diosa Suprema Ten-Sic-Dai-Tain rogando por todos los pecadores.

Amida, el Cristo japonés de la Religión Sintoísta, es quien tiene los poderes para abrir las puertas del Gokurat, el Paraíso.

Los Eddas germanos citan a Cristos, el Dios de su Teogonía, semejante a Jesús, nacido también el 24 de diciembre a media noche, lo mismo que Odín, Wotan y Beleno.

Cuando uno estudia el Evangelio de Krishna, el Cristo hindú, se queda asombrado al descubrir el mismo Evangelio de Jesús, y sin embargo Krishna nació muchos siglos antes que Jesús.

Devaki, la virgen hindú, concibió a Krishna por obra y

gracia del Espíritu Santo. El niño dios Krishna fue transportado al establo de Nanden y los dioses y ángeles vinieron a adorarle. La vida, pasión y muerte de Krishna es similar a la de Jesús.

Vale la pena estudiar todas las religiones. El estudio comparativo de las religiones lo lleva a uno a comprender que todas las religiones conservan los valores eternos, que ninguna religión es falsa, que todas son verdaderas.

Todas las Religiones hablan del alma, del cielo, del infierno, etc. Los principios son siempre los mismos.

Entre los romanos, el infierno era el Averno; entre los griegos era el Tártarus y entre los indostanes el Avitchi, etc.

El cielo, entre los romanos y griegos, era el Olimpo. Cada religión tiene su cielo.

Cuando terminó la religión de los romanos, cuando se degeneró, los sacerdotes se convirtieron en adivinos, titiriteros, etc., pero los principios eternos no murieron, ellos se revistieron con la nueva forma religiosa del cristianismo.

Los sacerdotes paganos, denominados Augur, Druida, Flamen, Hierofante, Dionysios y Sacrificador, fueron rebautizados en el cristianismo con los sagrados títulos de Clérigos, Pastores, Prelados, Pope, Ungido, Abate, Teólogo, etc.

Las Sibilas, Vestales, Druidesas, Papisas, Diaconesas, Ménades, Pitonisas, etc., en el cristianismo fueron denominadas Novicias, Abadesas, Canonesas, Prelados Superiores, Reverendas, Hermanas, Monjas.

Los dioses, semi-dioses, Titanes, Diosas, Sílfides,

Cíclopes, Mensajeros de los dioses de las antiguas religiones, fueron rebautizados con los nombres de Angeles, Arcángeles, Serafines, Potestades, Virtudes, Tronos, etc.

Si antiguamente se adoraron a los dioses, ahora también se les adora, sólo que con otros nombres.

Las formas religiosas cambian según las épocas históricas y las razas. Cada raza necesita su forma religiosa especial.

Los pueblos necesitan la religión. Un pueblo sin religión es de hecho un pueblo totalmente bárbaro, cruel y despiadado.

LA CUARTA UNIDAD DEL RAZONAMIENTO

Los fanáticos comunistas odian mortalmente todo lo que tenga sabor a Divinidad.

Los fanáticos materialistas creen que con su razonamiento tridimensional pueden resolver todos los problemas del cosmos, y lo peor del caso, es que ni siquiera se conocen a sí mismos.

El dios-materia de los señores materialistas no resiste un análisis de fondo. Hasta ahora, los fanáticos de la Dialéctica Marxista no han podido demostrar realmente la existencia de la materia.

Durante todo el siglo pasado y parte del siglo XX los fanáticos materialistas han perdido el tiempo discutiendo sobre el ya cansado tema aburridor de "materia y energía".

Mucho se ha hablado sobre la *energía* y la *materia*, mas éstas continúan, a pesar de toda las especulaciones, siendo realmente las X-Y desconocidas. ¿Entonces qué?

Lo chistoso del asunto es que los secuaces reaccionarios del famoso "materialismo dialéctico" han tratado siempre de definir la una por la otra, resulta ciertamente ridículo definir lo desconocido por lo desconocido.

A los pobres niños secuestrados del Tibet se les enseñan en Pekín frases como éstas: "Materia es aquello en que se llevan a cabo los cambios llamados movimientos. Y movimientos son aquellos cambios que se llevan a cabo en la materia". Esta es la identidad de lo desconocido, X=Y, Y=X. Total, círculo vicioso, ignorancia, absurdo.

¿Quién ha tenido alguna vez en la palma de su mano un pedazo de materia sin forma alguna? ¿Quién ha conocido la materia libre de toda forma? ¿Quién ha conocido alguna vez la energía libre del concepto de movimiento? La materia en sí misma, la energía en sí misma, ¿quién la ha conocido?

Nadie ha visto la "materia", nadie ha visto la "energía". El ser humano sólo percibe fenómenos, cosas, formas, imágenes, etc., pero jamás ha visto la substancia de las cosas.

Los señores materialistas ignoran totalmente todo lo que es una substancia dada y dogmáticamente la llaman "materia", cuando en realidad sólo han visto madera, cobre, oro, piedra, etc.

Realmente, la llamada "materia" es un concepto tan abstracto como la belleza, la bondad, el valor. Ningún fanático de la dialéctica materialista ha visto jamás la substancia de las cosas en sí misma, tal cual es la cosa en sí. No negamos que ellos utilicen lo que ellos llaman dogmáticamente "materia", el burro también utiliza el pasto para su alimentación sin conocerlo, empero, esto no es Ciencia, esto no es Sabiduría, esto no es nada. ¿Quieren los fanáticos de la dialéctica materialista convertir a todos los seres humanos en borricos? Por lo que estamos viendo, así es. ¿Qué más se puede esperar de aquellos que no quieren conocer las cosas en sí mismas?

EL ARTE

Conforme el ser humano se precipitó por el camino de la involución y degeneración, conforme se fue volviendo cada vez más y más materialista, sus sentidos también se fueron deteriorando y degenerando.

Nos viene a la memoria una escuela de Babilonia que se dedicaba a estudiar todo lo relacionado con el olfato. Ellos tenían un lema que decía: "*Buscar la verdad en los matices de los olores obtenidos entre el momento de la acción del frío congelado y el momento de la acción en descomposición cálida*".

Esa escuela fue perseguida y destruida por un jefe muy terrible. Dicho jefe tenía negocios muy turbios y pronto fue denunciado indirectamente por los afiliados de esa escuela.

El sentido del olfato, extraordinariamente desarrollado, les permitía a los alumnos de dicha escuela descubrir muchas cosas que a los jefes de gobierno no les convenían.

Había otra escuela muy importante en Babilonia la Escuela de los Pintores. Esta escuela tenía como lemas: "Descubrir y elucidar la verdad, sólo por medio de las tonalidades existentes entre el blanco y el negro".

Por esa época, los afiliados de dicha escuela podían utilizar normalmente y sin dificultad alguna cerca de mil quinientos matices del color gris.

Desde el Período Babilónico hasta estos tristes días en que milagrosamente vivimos, los sentidos humanos se han ido degenerando espantosamente debido al materialismo que Marx justifica a su modo con la sofistería barata de su dialéctica.

El *yo* continúa después de la muerte y se perpetúa en nuestros descendientes. El *yo* se complica con las experiencias materialistas y se robustece a expensas de las facultades humanas.

Conforme el *yo* se ha vigorizado a través de los siglos, las facultades humanas se han ido degenerando cada vez más y más.

Las Danzas Sagradas eran verdaderos libros informativos que transmitían deliberadamente ciertos conocimientos cósmicos trascendentales.

Los Derviches danzantes no ignoran las Siete Tentaciones mutuamente equilibradas de los organismos vivientes.

Los danzarines antiguos conocían las siete partes independientes del cuerpo y sabían muy bien lo que son las siete líneas distintas del movimiento. Los danzarines sagrados sabían muy bien que cada una de las siete líneas de movimiento posee siete puntos de concentración dinámica.

Los danzarines de Babilonia, de Grecia y Egipto, no ignoraban que todo esto caracterizaba en el átomo danzarín y en el planeta gigantesco que danza alrededor de su centro de gravitación cósmica.

Si pudiéramos inventar una máquina que imitara con plena exactitud todos los movimientos de los siete planetas de nuestro sistema solar alrededor del sol, descubriríamos con asombro el secreto de los Derviches danzantes. Realmente, los Derviches danzantes imitan a la perfección todos los movimientos de los planetas alrededor del sol.

Las Danzas Sagradas de los tiempos de Egipto, Babilonia, Grecia, etc., van aún más lejos, transmitieron tremendas verdades cósmicas, antropogenéticas, psicobiológicas, matemáticas, etc.

Cuando en Babilonia comenzaron a aparecer los primeros síntomas del ateísmo, escepticismo y materialismo, la degeneración de los cinco sentidos se aceleró en forma espantosa.

Está perfectamente demostrado que somos lo que pensamos, que si pensamos como materialistas, nos degeneramos y nos fosilizamos.

Marx cometió un crimen imperdonable, le quitó a la humanidad los valores espirituales. El marxismo ha desatado la persecución religiosa. El marxismo ha precipitado a la humanidad a la degeneración total.

Las ideas marxistas, materialistas, se han infiltrado en todas partes, en la escuela y en el hogar, en el templo y en la oficina, etc.

Los artistas de cada nueva generación se han convertido en verdaderos apologistas de la dialéctica materialista. Todo aliento de espiritualidad ha desaparecido en el arte ultramoderno.

Ya nada saben los modernos artistas sobre la Ley del Siete, ya nada saben de Dramas Cósmicos, ya nada saben sobre las Danzas Sagradas de los antiguos misterios.

Los tenebrosos se han robado el teatro y el escenario, lo han profanado miserablemente, lo han prostituído totalmente.

El sábado, el día del teatro, el día de los misterios, fue muy popular en los antiguos templos. Entonces se presentaban Dramas Cósmicos maravillosos.

El Drama sirvió para transmitir a los iniciados valiosos conocimientos. Por medio del Drama se transmitieron a los iniciados diversas formas de experiencias del Ser y manifestaciones del Ser.

Entre los dramas, el más antiguo es el del Cristo Cósmico. Los iniciados sabían muy bien que cada uno de nosotros debe convertirse en el Cristo de dicho Drama, si es que realmente aspiramos al Reino del Superhombre.

Los Dramas Cósmicos se basan en la Ley del Siete. Ciertas inteligentes desviaciones de dicha ley se utilizaron siempre para transmitir al neófito conocimientos transcendentales.

Es bien sabido en música que ciertas notas pueden producir alegría en el centro pensante; otras pueden producir pesar en el centro sensible, y por último, otras pueden producir religiosidad en el centro motor.

Realmente, jamás ignoramos los viejos Hierofantes que el conocimiento íntegro sólo puede adquirirse con los tres cerebros, un solo cerebro no puede dar información completa.

La Danza Sagrada y el Drama Cósmico, sabiamente combinados con la música, sirvieron para transmitir a los neófitos tremendos conocimientos arcaicos de tipo cosmogenético, psicobiológico, fisicoquímico, metafísico, etc.

Cabe aquí mencionar también a la Escultura, ésta fue grandiosa en otros tiempos. Los seres alegóricos, cincelados en la dura roca, revelan que los viejos Maestros no ignoraron nunca la Ley del Siete.

Recordemos la Esfinge de Giza, en Egipto. Ella nos habla de los cuatro elementos de la naturaleza y de las cuatro condiciones básicas del Superhombre.

Después de la Segunda Guerra Mundial nació la Filosofía existencialista y el Arte existencialista. Cuando hemos visto en escenas a los actores existencialistas, hemos llegado a la conclusión de que son verdaderos enfermos maniáticos y perversos.

Si el marxismo sigue difundiéndose, el ser humano acabará por perder totalmente sus cinco sentidos que están en proceso de degeneración.

Está ya comprobado por la observación y la experiencia que la ausencia de valores espirituales produce degeneración.

La pintura actual, la música, la escultura, el drama, etc., no son sino el producto de la degeneración.

Ya no aparecen en el escenario los iniciados de otros tiempos, las danzarinas sagradas, los verdaderos artistas de los grandes tiempos. Ahora sólo aparecen en las tablas autómatas enfermos, cantantes degenerados, rebeldes sin causa, etc.

Los teatros ultramodernos son la antítesis de los sagrados teatros de los grandes misterios de Egipto, Grecia, India, etc.

El arte de estos tiempos es tenebroso, es la antítesis de la Luz y los modernos artistas son tenebrosos.

La pintura surrealista y marxista, la escultura ultramoderna, la música afrocubana y las modernas bailarinas, son el resultado de la degeneración humana.

Los muchachos y muchachas de las nuevas generaciones reciben por medio de sus tres cerebros degenerados datos suficientes como para convertirse en estafadores, ladrones, asesinos, bandidos, homosexuales, prostitutas, etc.

Nadie hace nada para acabar con el mal arte y todo marcha hacia una catástrofe final por falta de una Revolución de la Dialéctica.

LA CIENCIA MATERIALISTA

En cierta ocasión discutían un ateo materialista, enemigo del Eterno Dios viviente, y un hombre religioso. Se discutía sobre el tema aquél de ¿Quién fue primero, el huevo o la gallina? Claro, el uno: Fue el huevo; está bien, fue el huevo. ¿Y quién puso el huevo? Pues la gallina. El otro, que fue la gallina. ¿Y de dónde salió la gallina? Pues del huevo. Y éste es el cuento de nunca acabar.

Al fin, un poco impaciente, el religioso dijo: ¿Usted podría hacer un huevo como lo hizo Dios? El materialista respondió: ¡Sí lo hago! Hágalo, exclamó el religioso; y el materialista hizo un huevo igualito al de una gallina: su yema, su clara y su cascarón. Viendo esto, el religioso habló: Ya que usted hizo un huevo maravilloso, va a dar un pollito. Coloquemos el huevo en una incubadora para que salga. ¡Aceptado! dijo el materialista y pusieron el huevo en la incubadora, pero el pollito no salió...

El sabio Don Alfonso Herrera, autor de la Plasmogenia, logró crear la célula, pero una célula muerta que nunca tuvo vida.

Se hacen injertos, a una rama se le injerta otra de un vegetal dizque para mejorar los frutos, queriendo los sabihondos corregir a la Naturaleza. Lo que hacen son adefesios. Los injertos no llevan la misma fuerza natural viviente del Megalocosmos. Los frutos adulterados ingeridos vienen a dañar el cuerpo humano desde el punto de vista energético.

Sin embargo, los sabios se sienten satisfechos con sus experimentos. No entienden que cada árbol capta energía, la transforma y retransmite a los frutos. Al alterar el árbol se alteran las energías del Megalocosmos y ya ese fruto no es lo mismo, es producto de un adulterio que va a dañar a los organismos.

Empero, los científicos materialistas creen que saben,

cuando en realidad de verdad no saben. No sólo ignoran, sino que es peor, ignoran que ignoran.

Se hacen inseminaciones artificiales, se extraen de un organismo las células vivificantes, el famoso zoospermo, y ya por eso piensan los sabios que están creando vida. No se dan cuenta que sólo están utilizando lo que la naturaleza ya ha hecho.

Pongamos sobre el tapete del laboratorio los elementos químicos que se necesitan para fabricar un zoospermo y un óvulo. Digámosles a los científicos que hagan el óvulo y el zoospermo. ¿Lo harían? Yo digo que sí. Pero, ¿Tendrían vida? ¿Podría acaso salir una criatura viviente? Nunca, jamás, porque ellos no saben crear vida. Entonces, ¿Con qué pruebas niegan las inteligencias superiores o creadoras? Si no son capaces ni siquiera de crear la semilla de un árbol, una semilla que pueda germinar.

¿Cuál es la base que tienen los materialistas para negar a las inteligencias creadoras? ¿Por qué se pronuncian contra el Eterno?

¿Ha podido algún científico materialista crear la vida? ¿Cuándo?

Jugar con lo que la Naturaleza ya ha hecho es cosa fácil, pero hacer vida es diferente. Ningún científico puede hacerla...

Dividir una ameba en dos, separar sus partes en una mesa de laboratorio, unirla con otro pedazo de microorganismo y dicen: ¡Eureka! ¡Eureka! ¡Eureka!, estamos creando vida! Pero no son capaces de crear una ameba. ¿Dónde está la ciencia de esos señores materialistas? ¿Cuándo han demostrado ellos que pueden reemplazar a la Divinidad? La realidad de los hechos es que no sólo ignoran, sino lo que es peor, ignoran que ignoran. Los hechos son los que cuentan y hasta ahora no lo han demostrado.

Dicen que el hombre viene del mono. Salen con la teoría del cinocéfalo con cola, el mono sin cola y el hombre arbóreo hijos del Noepitecoide, etc. Pero, ¿Cuál sería entonces el eslabón perdido? ¿Lo han encontrado? ¿Cuándo y dónde? ¿Qué día se ha hallado un mono capaz de hablar, dotado de lenguaje? Hasta ahora no ha aparecido. Son ridículos estos señores materialistas, nos están presentando suposiciones y no hechos.

Midamos el volumen del cerebro del mejor de los changos y comparémosle con el cerebro del hombre atrasado que se halle, por ejemplo, en las tribus de Australia. Es obvio que ese chango ni alcanzaría la capacidad hablativa.

¿No están entonces los materialistas refutando las teorías del mismo Darwin y sus secuaces? ¿Viene el hombre del chango? ¿Sobre qué bases lo sostienen? ¿Cómo lo demuestran? ¿Hasta cuándo vamos a esperar al supuesto eslabón perdido? Queremos ver a esa especie de chango hablando como la gente. No ha aparecido, pues entonces es una suposición de una tontería que no tiene realidad.

¿Por qué hablan cosas que no saben? ¿Por qué tantas utopías baratas? Sencillamente porque tienen la conciencia dormida, porque nunca se han interesado por hacer una revolución psicológica dentro de sí mismos y porque les falta practicar la superdinámica sexual. La cruda realidad de los hechos es que están hipnotizados.

Quien no practique las enseñanzas de la *Revolución de la Dialéctica* caerá en los mismo errores que los de los científicos materialistas.

Los científicos materialistas salen continuamente con muchas teorías. A manera de ejemplo citaremos la de la *Selección de las Especies*: un molusco insignificante se va desarrollando y de él salen otras especies vivientes mediante el proceso de selección hasta llegar al hombre. ¿Pueden demostrar esta teoría? ¡Es obvio que no!

No negamos nosotros que existan en cada especie ciertos procesos selectivos. Hay aves, por ejemplo, que emigran en determinadas épocas; uno se admira al verlas todas reunidas, qué extrañas se vuelven; luego levantan el vuelo para atravesar el océano y en el cambio mueren sobreviviendo a la lucha las más fuertes. Esas que sobreviven a la lucha transmiten sus características a los descendientes. Así actúa la ley selectiva.

Hay especies que luchan incesantemente contra monstruos marinos y a fuerza de tanto luchar resultan fuertes y transmiten sus características a sus descendientes.

Hay bestias que a fuerza de tanto luchar se van haciendo cada vez más y más fuertes, transmitiendo sus características psicológicas a sus descendientes.

Nunca la selección natural nos ha podido presentar una nueva especie sobre el tapete de la existencia. Mas sin embargo son muchos los que a la *selección* le han dado características de un Creador.

Mucho se ha hablado también sobre el *protoplasma*. Del protoplasma que se halla sumergido en el mar salado hace millones de años; que de ese protoplasma vino la vida universal.

Los protistas materialistas hacen creer a sus secuaces ignorantes como ellos que el desarrollo psicológico del animal intelectual, equivocadamente llamado hombre, deviene del desarrollo molecular del protoplasma y marcha paralelo con los procesos del mismo.

Quieren los protistas que la conciencia, o como quiera llamarse, sea el resultado de la evolución del protoplasma a través de los siglos. Así piensan los protistas, los dechados de sapiencia.

Me viene a la memoria el *Monerón atómico* de Haeckel, ese átomo sumergido allá entre el abismo acuoso de donde surge toda vida. Así piensan Haeckel y sus secuaces.

No se ha organizado algo complicado que no haya tenido que pasar por diferentes procesos cósmicos universales.

La realidad es que los científicos no saben nada de la Vida ni de la Muerte, ni de dónde venimos ni para dónde vamos, mucho menos cuál es el objetivo de la existencia. ¿Por qué? Sencillamente porque tienen la conciencia dormida, porque no han hecho la Revolución de la Dialéctica interior, porque están en el nivel de hipnosis masivo-colectiva por falta de la Revolución Integral que enseñamos en esta Obra.

La ciencia materialista marcha por el camino del error, nada sabe sobre el origen del hombre y mucho menos de su psicología interior.

Que la ley de selección natural haya existido no lo negamos, pero ella no ha creado nada nuevo. Que las especies varíen a través del tiempo no lo negamos, pero los factores de variabilidad de cualquier especie sólo entran en acción después que los *prototipos originales* se han cristalizado en el mundo físico. Los prototipos originales de cualquier especie viviente se desarrollan previamente en el espacio psicológico, en las dimensiones superiores de la Naturaleza, en las dimensiones superiores que los científicos materialistas niegan porque no las perciben; y no las perciben porque están hipnotizados psicológicamente.

Si ellos salieran primero del estado de hipnosis y después hablaran, sus conceptos serían diferentes; más duermen a falta de una dinámica mental y sexual.

Si alguien quiere saber sobre el origen del ser humano tiene que observar la Ontogenia. La Ontogenia es una recapitulación de la Filogenia.

¿Qué es la Ontogenia dentro de la Antropología? Es el proceso de desarrollo del feto dentro del claustro materno. Si observamos los procesos de gestación de una madre podemos evidenciar que la Ontogenia es una recapitulación de la Filogenia; la cual, a su vez, es un estado de evolución y transformación por el cual ha pasado la raza humana a través de los siglos.

La Ontogenia recapitula estos estados dentro del vientre materno. Un análisis ontogénico nos llevaría a la conclusión lógica de que la especie humana y las otras especies animales tienen parecido en su origen y devienen del espacio psicológico.

Pero eso de la selección natural, de las distintas variantes o factores que producen variación en la raza humana, solamente entran en acción después que las especies, cualesquiera que sean, hayan cristalizado físicamente. Antes de la cristalización física existen *procesos evolutivos psicológicos* entre el seno viviente de la Naturaleza, desconocidos para un Haeckel, un Darwin y sus secuaces, porque en verdad nada saben ellos del origen del ser humano.

¿Cómo es posible que los sabios materialistas digan que existen ciertas variaciones en los distintos tipos de las especies vivientes? Ya por accidente o en forma espontánea, ¿No resulta acaso una contradicción?

¿No son ellos mismos los que dicen que este Universo es el resultado de la fuerza, de la materia y de la necesidad?

¿Cómo es que se contradicen y luego nos hablan de variaciones espontáneas en un universo de fuerza y necesidad? ¿Es posible eso?

Un universo de fuerza, materia y necesidad, no admite variaciones espontáneas ni accidentales. Esas variaciones en las especies existen por algo que ellos mismos desconocen. La ciencia materialista no sólo ignora, sino lo que es peor, ignora que ignora.

La Antropología Gnóstica psicoanalítica ahonda profundamente en el pasado. Esta raza humana que hoy por hoy puebla la faz de la Tierra no es más que una raza de animales intelectuales equivocadamente llamados hombres. Pueden ustedes ofenderse si quieren, pero antes de que existiera esta raza de animales intelectuales existieron los hombres lemúricos, hiperbóricos y polares. Los animales intelectuales devienen de la Atlántida, nacieron en la Atlántida. Los hombres reales de la Lemuria, en sus últimos tiempos, se fueron retirando del escenario del mundo. Sus organismos los fueron dejando a los elementos superiores de los reinos animales.

A la raza de animales intelectuales le precedieron las de los hombres que existieron en la Lemuria, en el continente Hiperbóreo y en el casquete polar norte que en aquella época estaba situado en la zona ecuatorial. ¿En qué se basa la Antropología Gnóstica psicoanalítica para afirmar esto? ¿Por qué lo dice? Se basa no sólo en todas las tradiciones que vienen en los libros del Antiguo Egipto, de la tierra Inca, de la tierra de los Mayas, de Grecia, India, Persia, Tibet, etc., sino también en las investigaciones directas de aquéllos que han logrado despertar la conciencia por medio de una revolución psicológica.

Estamos entregando a través de esta Obra todos los sistemas que se necesitan para despertar conciencia, y cuando ustedes ¡despierten!, podrán investigar y comprobar por sí mismos esto que afirmo en forma enfática. Pero es necesario despertar para palpar, ver, oír, sentir y no ser víctima de las teorías de un Haeckel, Darwin, Huxley y sus secuaces.

Existieron tres razas de hombres pero, ¿Cómo lo podrían saber cuando vuestra conciencia está dormida? Los que logren despertar podrán investigar en los archivos akáshicos de la Naturaleza.

¿Cómo fue la primera raza? ¿De qué manera existió? En aquellas épocas, hace alrededor de 300 millones de años de acuerdo con las investigaciones que nosotros hemos realizado, existieron los hombres protoplasmáticos y la misma Tierra era aún protoplasma.

No es el protoplasma aquél de Haeckel y el mar salado y miles de tonterías más sin confirmación alguna, no. La raza protoplasmática es diferente.

Una raza humana flotaba sobre el ambiente. Aún no había caído sobre la tierra húmeda. ¿Cómo se reproducía y cuál era su origen? Esa raza había evolucionado e involucionado en las dimensiones superiores de la Naturaleza y del Cosmos. Cristalizó al fin sobre una Tierra también protoplasmática después de muchos procesos evolutivos, surgidos desde su germen original ubicado en el Caos, en el Magnus Limbus, en el Iliaster del mundo. Cuando esa raza cristalizó formó el haz, el núcleo, que lo mismo podía asumir figuras gigantescas como reducirse a un punto matemático.

¿En qué me baso para afirmar esto? ¡En la conciencia despierta! ¿Me consta? ¡Sí me consta! Y si ustedes aceptan la doctrina de la reencarnación, tanto mejor. Obviamente, yo estuve reencarnado en esa raza y como quiera que estoy despierto no puedo olvidar los procesos evolutivos e involutivos de la misma. Por tal razón doy testimonio ante ustedes a sabiendas que están dormidos, pero debo depositar todos esos datos que necesitan para que vayan despertando.

¿Cómo se multiplicaba aquella raza? ¿Cómo se reproducía? No es como decía la Maestra Blavatsky, que lo hacían en forma asexuada, que no necesitaban del sexo para eso. Errónea tal afirmación porque la fuerza del Mahâ-choan, la energía creadora del Tercer Logos, fluye arrolladora en todo lo que ha sido y será. El género de reproducción era fisíparo, se expresaba en forma sexual diferente, se dividían los organismos como se dividen las células vivas. Bien saben los estudiantes de Biología cómo se divide la célula orgánica: el citoplasma con un pedazo de núcleo se aparta, eso no lo ignoran.

Desde entonces el proceso fisíparo quedó en la sangre y sigue realizándose en nuestras células por millones. ¿No es eso cierto? ¿Quién se atreve a negarlo? ¡Presento hechos! ¿Creen acaso que ese proceso celular no tiene una raíz, un origen? Si así lo pensaran sería absurdo porque no hay causa sin efecto ni efecto sin causa. Así que hemos heredado eso. ¿De quién? De los hombres de la primera raza.

El organismo desprendido podía seguir desarrollándose gracias a que proseguía captando, acumulando, protoplasma del ambiente circundante.

Más tarde surgieron los hiperbóreos de quienes habla Federico Nietzsche. Gentes que vivieron en esas herraduras que circunda al Polo Norte; país en el Septentrión. ¿Nos consta esto? ¿Sí o no? A ustedes no porque están dormidos. A mí sí me consta porque estoy despierto. ¿Negarlo? ¡No lo niego! Si me consideran loco, considérenme, pero tengo que dar testimonio cueste lo que cueste, tengo que decir la verdad siempre.

Los hiperbóreos también existieron; ya no fueron tan gelatinosos como los protoplasmáticos. Al hablar así no me estoy refiriendo a la célula alma de Haeckel, en el mar salado, ni al famoso monerón atómico; allá Haeckel y sus secuaces con sus teorías absurdas.

Ahora quiero referirme en forma enfática a esa raza hiperbórea que deriva de la protoplasmática. Fueron los hiperbóreos una raza más psíquica que se reproducía por sexualidad en forma de brotación. ¿Han visto ustedes los corales en los acantilados del borrascoso océano? De un coral sale otro y de ése, otro, otro. Hay plantas que mediante sus brotes siguen multiplicándose, así también sucedió con los hiperbóreos. Ciertos brotes aparecidos en el Padre-Madre operaban la fuerza sexual hasta que se desprendiera ese brote y diera origen a una nueva criatura. Ese era el modo de reproducción de los hiperbóreos.

Al fin, esta raza se sumergió allá en el fondo del borrascoso Océano Pacífico a través de millones de años de evoluciones e involuciones de esta Naturaleza fecunda.

Del fondo de los mares surgió posteriormente un gigantesco continente, la Lemuria, que cubría todo el Océano Pacífico. Fue allí donde por primera vez la raza humana se asentó sobre la costra dura de la tierra. Apareció el continente lemur, no por generación espontánea como creyera un Epicuro y sus secuaces, ni por selección natural, elevada esta teoría a la categoría de un dios creador, maravillosa retórica que se ha hecho de lo absurdo, no. ¿Cómo surgió? ¿De qué manera?

Al cristalizar los arbóreos sus humanos cuerpos tomaron dura forma apareciendo los hermafroditas lemures, así como están simbolizados en las gigantescas esculturas de Tula, Hidalgo, México. Caminaron sobre la faz de la tierra. En un principio se reproducían desprendiendo de su organismo una célula huevo y ésta se desenvolvía para dar origen a una nueva criatura. Esa es la época en la que el phalo y el uterus aún no habían sido formados, era la época en la que el lingam-yoni estaba germinando. Era la época en la que el ovario no se había desarrollado.

Los tiempos pasaron en la Lemuria y apareció el sistema de reproducción por gemación. Tal sistema causó asombro en aquella época. El ovario recibía una célula fecundante, es decir, un zoospermo, de manera que cuando aquel huevo se desprendía del ovario de un hermafrodita ya iba fecundado previamente.

Al venir a la existencia el huevo, se abría después de cierto tiempo de fecundación y de allí salía una nueva criatura. Por eso es que los nahoas decían: "Los Hijos del tercer sol se transformaron en pájaros". Sabia aseveración de la antigua cultura nahoa.

Pero acercado el final de la Lemuria, en la tercera o cuarta subraza y en adelante, los seres humanos se dividieron en sexos opuestos, fue necesaria entonces la cooperación para crear. El sistema de cooperación para crear viene de la Lemuria. Es claro que se necesita un huevo ovárico fertilizado por una célula. Sólo así, en la unión de una célula fertilizante con un óvulo, puede surgir la célula original con los 48 cromosomas que en forma indiscutible llevamos en nuestro interior y en los cuales están representadas las 48 leyes de nuestra creación.

CAPITULO VIII

LA EXPERSONALIDAD Y LA TEORIA DE LOS CUANTAS

El centelleo de los átomos se debe a paquetes de energía que se llaman cuantas.

En el diamante, los cuantas se mueven a la mitad de su velocidad, disminuyendo la misma en forma progresiva en el aire, el agua y la tierra.

Un átomo es como un vibrómetro que produce ondas con velocidades propias de acuerdo a su tipo.

El apego emocional de los desencarnados disminuye la velocidad de los cuantas de modo que la expersonalidad de los difuntos pueden ser accesibles a la retina de una persona viva, entonces, la personalidad del muerto queda palpable.

CASO GARCIA PEÑA:

Cierto día me encontré en la calle 5 de mayo, en México D.F; con un viejo amigo, le saludé con la mano en alto y seguí mi camino. A los pocos días me encontré con un familiar de mi amigo y, para sorpresa mía, me dijo que el señor García Peña, aquél que saludara, hacía dos meses que había fallecido. Indudablemente, la expersonalidad de este amigo, apegado a este mundo en el que vivimos, se hizo tangible repitiendo las acciones a las que mecánicamente estaba acostumbrado.

Es indudable que existe una estrecha relación entre la personalidad, energética y atómica, y los cuantas que poseen su propia frecuencia vibratoria. Los desencarnados, por su apego emocional a este mundo tridimensional, suelen disminuir inconscientemente la vibración cuántica de sus personalidades haciéndose éstas palpables y perceptibles.

Cuando los cuantas son rápidos no se perciben. Cuando son muy lentos, tampoco.

Normalmente los cuantas viajan a la velocidad de la luz y en círculo.

El secreto del tiempo se esconde en el átomo. El concepto de tiempo es negativo. Nadie podría demostrar la velocidad del tiempo, no se le puede encerrar en un laboratorio.

Nosotros, entre suceso y suceso, colocamos el concepto tiempo; la prueba está en la gran cantidad de calendarios diferentes.

Lo que disminuye la velocidad de las cuantas es la actitud que tenemos en un instante dado. En las reuniones espiritualistas sucede el mismo fenómeno de los cuantas.

Los procesos del Cosmos se realizan en un eterno ahora. La subida y ocultamiento del Sol se realizan en un instante eterno.

Debemos ir desarrollando nuestra propia manera de pensar. Desde el punto de vista energético, cada uno de nosotros es un punto matemático que accede a servir de vehículo a determinados valores, sean éstos positivos o negativos.

Imagen, valores e identidad en alguien que aniquiló el ego, son positivos. A la muerte hay que considerarla como una resta matemática.

REINCORPORACION.

Reincorporación es el nuevo principio que explica la incorporación incesante de los valores en los puntos matemáticos.

La energía es indestructible. No creo que los cuantas puedan destruirse, pero sí es posible que se logren transformar. Todo hombre que gusta de la revolución psicológica debe reflexionar sobre todo lo que es el fenómeno cuántico para extraer del mismo el autoconcepto y la autorreflexión evidente del Ser.

El estudio de los cuantas puede realizarlo aquél que viva en carne propia la dinámica mental y que con ésta haya emancipado la mente.

LA SUPERDISCIPLINA

La superdisciplina y el perfeccionamiento del cuerpo físico se consiguen por medio de la medicina naturista.

Cuando existe una superdisciplina es obvio que podremos obtener la Sabiduría directa de los documentos arqueológicos.

Teniendo una superdisciplina comprenderemos y aceptaremos que la vida hay que tomarla como un gimnasio a voluntad.

Aquél que se someta a una superdisciplina le esperarán grandes triunfos.

Quienes vivan una superdisciplina tendrán que ser fuertes para soportar la “soledad en el camino”.

LA AUTORREFLEXION EVIDENTE

Para comprender la autorreflexión evidente se necesita estudiar la Epístola de Santiago que es para los que trabajan en la Gran Obra, en la Revolución de la Dialéctica.

Se necesita que la Gran Obra y el trabajo psicológico se respalden con la fe, porque la fe se manifiesta en las obras.

Aquél que sabe manejar la lengua dominará el cuerpo y dominará a los demás y, por ende, estará marchando en forma ascendente en la Gran Obra y en el trabajo psicológico.

A medida que avancemos en la práctica de estas enseñanzas psicológicas debemos evitar caer en otro error psicológico como es el de volverse jactancioso; como tampoco debemos volvernos presumidos para triunfar en la Gran Obra y en la autorreflexión evidente.

Todo alquimista, cabalista y psicólogo debe tener fe. La fe no es empírica, hay que fabricarla. Se fabrica estudiándose a sí mismo y experimentando consigo mismo.

EL MISTERIO

Los Dharma-palas son los terribles Señores de la Fuerza que se han lanzado contra aberraciones materialistas de los chinos comunistas.

Personalmente estaré en el Tibet porque en este sagrado lugar se gestan grandes cosas. Estaré ayudando a los tibetanos para acabar con los rastros de abominación que han dejado los chinos.

El Shan Gri La, está en la cuarta dimensión y es una ciudad jinas. Allí se encuentra el Venerable Maestro Kuthumi.

El Tibet se asemeja mucho a Egipto y los monjes no desconocen los trabajos de momificación. En el pasado, los monjes tibetanos llevaron sus momias a los cráteres de los volcanes donde se encuentran las lamaserías.

No tengo ningún tipo de temor al afirmar que soy un lama tibetano. Se preguntarán como es que me encuentro aquí y allá esto es posible por medio del Don de Ubiciudad.

Sí, momentáneamente me encuentro en el valle de Aditattva, y al mismo tiempo, aquí, en México. En este valle se realizan procesiones sagradas. El Monasterio está en el lado derecho del valle. Antes, el Monasterio se hallaba en la tercera dimensión, ahora, se encuentra sumergido en la cuarta vertical. El edificio en su interior, tiene grandes salones donde se realizan trabajos objetivos. Como lama, tengo un pequeño salón de trabajo. En el patio del Monasterio se reúnen los Dharma-palas.

La orden está formada por 201 miembros. La plana mayor está constituída por 72 Brahamanes. Esta orden es la que rige los destinos de la humanidad.

El Tibet siempre ha sido invadido por ingleses y chinos, pero siempre han tenido que salir de allí debido al terrible poder de los Dharma-palas.

EL AVATARA

Los Avataras no se pueden olvidar de la cuestión social, por eso es que Quetzalcóatl se manifestó en dos aspectos: social y psicológico.

En mi caso personal me he preocupado de estos dos aspectos: los problemas humanos, orientados a solucionarse por medio de la revolución de la conciencia de una manera dialéctica; y los problemas del capital y el trabajo, encaminados a solucionarse mediante el POSCLA*.

Experiencia:

"Le entregaron una asta que simbolizaba los problemas, le hicieron entrar a un Santuario secreto y encontró en ese Santuario al Patriarca San Agustín. El Patriarca tomó del librero un voluminoso libro y le dijo: Voy a enseñarte un mantram para avivar el fuego. Abrió el libro... Encendió un bracerillo... Pronunció el mantram M y el fuego se avivó.

Cuando salió aprendió a cantar el mantram para avivar la llama.

El Patriarca San Agustín volvió ante el Ara del Templo revestido con las vestiduras sacerdotales y el Maestro Samael también ... Pusieron una sartén en su mano derecha...como diciendo : ¡Tú tienes la sartén agarrada por el mango!

Hicieron una gran cadena ...

- Nosotros te acompañaremos formando toda esta gran lucha.

Así que la Blanca Hermandad lo acompaña..."

Desgraciadamente, los hermanitos gnósticos no han estudiado, no han vivido mi enseñanza que durante tantos años he entregado para darles las liberación psicológica y ellos mismos han querido sabotear la Gran Obra de la Blanca Hermandad...

Al entregar las claves de la Psicología Revolucionaria y del Poscla, no queremos escalar posiciones ni vivir del Presupuesto nacional, lo único que queremos es ser útiles a la humanidad, servir dando pautas psicológicas que yo mismo he experimentado para que el animal intelectual logre la Revolución Integral...

La misión de un Avatara no es solamente cuestión religiosa sino que abarca la cuestión política y psicológica de las naciones.

CAPITULO IX

EL INDIVIDUO Y LA SOCIEDAD

La sociedad es la extensión del individuo. Si el individuo es codicioso, cruel, despiadado, egoísta, etc; así será la sociedad. Es necesario ser sincero consigo mismo; cada uno de nosotros está degenerado y por lo tanto la sociedad tiene que ser degenerada inevitablemente. Esto no lo puede resolver el monstruo terrible del materialismo, esto sólo lo puede resolver el individuo a base de su revolución integral.

Ha llegado la hora de reflexionar sobre nuestro propio destino. La violencia no resuelve nada. La violencia sólo puede conducirnos al fracaso. Necesitamos paz, serenidad, reflexión, comprensión.

El problema del mundo es el problema del individuo.

Las revoluciones de sangre no resuelven nada. Sólo mediante la inteligencia resolveremos el problema del embotellamiento de la conciencia.

Sólo mediante la inteligencia podemos convertir al animal intelectual, primero en hombre, y después, en superhombre. Sólo con la Revolución de la Dialéctica podemos vencer al monstruo terrible del materialismo.

La sociedad humana es la extensión del individuo. Si queremos realmente un cambio radical, si queremos un mundo mejor, necesitamos cambiar individualmente, cambiar dentro de nosotros mismos, alterar dentro de nuestra propia individualidad los abominables factores que en el mundo producen miseria y dolor. Recordemos que la masa es una suma de individuos. Si cada individuo cambia, la masa cambiará inevitablemente.

Es urgente acabar con el egoísmo y cultivar el Cristo-centrismo, sólo así podemos hacer un mundo mejor. Es indispensable eliminar la codicia y la crueldad que cada uno de nos lleva dentro. Sólo así, cambiando al individuo, cambiará la sociedad, porque ésta es sólo la extensión del individuo.

Hay dolor, hay hambre, hay confusión, pero nada de esto se puede eliminar mediante los procedimientos absurdos de la violencia. Quienes quieren transformar el mundo a base de revoluciones de sangre y aguardiente, o con golpes de Estado y fusilamientos, están totalmente equivocados porque la violencia engendra más violencia y el odio más odio. Necesitamos paz si es que queremos resolver los problemas de la humanidad.

No se deshacen las tinieblas a garrotazos y con ateísmo, sino trayendo la luz. Tampoco se deshace el error combatiendo cuerpo a cuerpo con él, sino difundiendo la verdad sin necesidad de atacar el error. Todo cuanto la verdad avance, todo eso el error habrá de retroceder. No hay que resistir a lo negativo, sino practicar lo positivo incondicionalmente y enseñar su ventajas por la práctica. Atacando el error, provocaremos el odio de los que yerran. Lo que necesitamos es difundir la luz de la Revolución de la Dialéctica para disipar las tinieblas.

Es urgente analizar los principios fundamentales de la dialéctica marxista y demostrarle al mundo la tremenda realidad de que éstos no resisten un análisis de fondo y que son pura sofistería barata.

Hagamos luz si es que queremos vencer a las tinieblas. No derramemos sangre. Ha llegado la hora de ser comprensivos.

Se hace necesario estudiar nuestro propio yo si es que realmente amamos a nuestros semejantes. Es indispensable comprender que sólo acabando con los factores del egoísmo y la crueldad que cada uno de nosotros carga dentro, podemos hacer un mundo mejor, un mundo sin hambre y sin temor.

La sociedad es el individuo. El mundo es el individuo. Si el individuo cambia fundamentalmente, el mundo cambiará inevitablemente.

La conciencia está en grave peligro y sólo transfomándonos radicalmente como individuos, podemos salvarnos y salvar a la humanidad.

A LA CONCIENCIA

Conciencia que duermes....
Qué distinta serías si despertaras...
Conocerías las Siete Sendas de la Felicidad,
brillaría por todas partes la Luz de tu Amor,
se regocijarían las aves entre el misterio de tus bosques,
resplandecería la luz del espíritu y alegres, los elementales,
cantarían para ti versos en coro.

LA ILUMINACION

Practicad en orden las enseñanzas de la Revolución de la Dialéctica. Comenzad vuestra Revolución Integral desde este momento. Dedicad tiempo al sí mismo porque así, tan vivos como estáis, con ese tremendo Yo adentro, sois un fracaso.

Quiero que vosotros os resolváis a morir radicalmente en todos los niveles de la mente.

Muchos se quejan que no pueden salir en astral a voluntad. Cuando uno despierta la conciencia, la salida en astral deja de ser un problema. ¡Los dormidos no sirven para nada!

En esta obra de la Revolución de la Dialéctica he entregado la ciencia que se necesita para lograr el despertar de la conciencia. No cometáis el error de leer este libro como quien lee un periódico. Estudiadlo profundamente durante muchos años, vividlo, llevadlo a la práctica.

A aquéllos que se quejan por no lograr la iluminación, les aconsejo paciencia y serenidad. La iluminación adviene a nosotros cuando disolvemos el Yo pluralizado, cuando de verdad hemos muerto en los 49 niveles del subconsciente.

Esos que andan codiciando poderes ocultos, ésos que utilizan la Sexo-Yoga como un pretexto para seducir mujeres, están totalmente equivocados y marchan opuestamente a las metas y disciplinas que establece el Gnosticismo Universal.

Trabajad en los tres factores de la revolución de la conciencia en forma ordenada y perfecta.

No cometáis el error de adulterar y de fornicar. Abandonad la mariposeadera. Aquéllos que viven mariposeando de flor en flor, de escuela en escuela, son, en realidad, candidatos seguros para el abismo y la muerte segunda.

Abandonad la autojustificación y autoconsideración. Convertíos en enemigos de vosotros mismos si es que de verdad queréis morir radicalmente; sólo así lograréis la iluminación.

Partid del Cero Radical. Abandonad el orgullo místico, la mitomanía, la tendencia a consideraros super-trascendidos. Todos vosotros sois solamente animales intelectuales condenados a la pena de vivir.

Se hace urgente e inaplazable que hagáis un inventario de vosotros mismos para poder saber lo que sois realmente.

Sed humildes para alcanzar la iluminación, y después de alcanzada, sed todavía más humildes.

INDICE

El hombre en la intersección de los cuatro elementos, según una xilografía de H. Weidlitz en Historia Naturalis v. C. Plinius Secundus, Frankfurt, 1582.

La Revolución de la Dialéctica de Samael Aun Weor se terminó de imprimir en junio de 2016.